Erich Loest:
Die Stasi war mein Eckermann

Die Stasiakten in diesem Buch wurden originalgetreu, mit allen Tipp- und Schreibfehlern, übertragen.

Erich Loest wurde 1926 in Mittweida/Sachsen geboren. Er war Soldat, Redakteur einer Zeitung in Leipzig, Zuchthäusler in Bautzen, er schrieb Romane und Erzählungen, bis er 1981, ohnmächtig gegenüber der Zensur in der DDR, die Ausreise in die Bundesrepublik erzwang. Erich Loest wohnt in Bad Godesberg und Leipzig.

Er erhielt unter anderem den Hans-Fallada-Preis, den Marburger Literaturpreis und zweimal den Jakob-Kaiser-Preis. Seine bekanntesten Bücher sind: *Jungen die übrig blieben* (1950), *Es geht seinen Gang oder Mühen in unserer Ebene* (1978), *Swallow, mein wackerer Mustang* (1980), *Durch die Erde ein Riß* (1981), *Völkerschlachtdenkmal* (1984), *Zwiebelmuster* (1985), *Fallhöhe* (1989), *Bauchschüsse* (1990), *Der Zorn des Schafes* (1990).

Erich Loest

Die Stasi war mein Eckermann

oder: mein Leben mit der Wanze

Steidl Verlag
Linden-Verlag

Bitte fordern Sie unser kostenloses Gesamtverzeichnis an!

1. Auflage Februar 1991
2. Auflage März 1991

© Copyright: Steidl Verlag, Göttingen 1991
Gemeinschaftsauflage mit dem Linden-Verlag, Leipzig

Umschlaggestaltung: Gerhard Steidl
Gesamtherstellung: Steidl, Druckerei und Verlag,
Düstere Str.4, 3400 Göttingen
ISBN 3-88243-178-4

Inhalt

I

Der Schatz hinter der Mülltonne

Es war wie im Krimi: Eine Frau ließ ausrichten, eine andere Frau möchte mir einige Zettel zeigen, auf ihnen stünde mein Name. Und der eines Stasi-Majors. Die Papiere stammten von 1978, ob ich wohl an ihnen Interesse hätte?

Die Frau in einer Kneipe des Leipziger Ostens am Abend darauf entsprach dem Signalement: Kostüm und große unechte Brosche, ein gläserner Wasserfall. Bei ihr im Hof hinter der Mülltonne, die Frau kramte eine Heftmappe aus ihrem Beutel, hätte das da gelegen. Und ich las, daß die Stasi-Bezirksverwaltung Potsdam die DEFA konspirativ angewiesen hatte, aus dem Plan des Regisseurs Gräf, meinen Roman *Es geht seinen Gang* zu verfilmen, hätte gefälligst nichts zu werden. Ein lieber Nachbar aus der Schönbachstraße von schräg gegenüber hatte gemeldet, vor meinem Haus stünde ein Auto mit West-Berliner Nummer. Der reaktionäre Journalist J.B. Bilke aus Bonn hätte mir Zeitschriften geschickt. Der negativ-feindliche Schriftsteller Loest *(»Autor II«)* hätte mit dem negativen Schriftsteller Heiduczek *(»Schreiber«)* telefonisch über dessen Kontakte zum Hamburger Verlag Hoffmann und Campe gesprochen. Der IM »Bernd« hätte ...

Ich fragte: »Was ist IM?«

»Inoffizieller Mitarbeiter.« Die Frau erschrak ob ihres Wissens.

Das geschah im März 1990. Die Bestimmung der Modrow-Regierung galt: Staatsanwälte, Volkspolizisten und Angehörige von Bürgerkomitees bewachten, was die Reißwölfe im November und Dezember 1989 an Stasi-Unterlagen verschont hatten. Diese Konsortien arbeiteten die Akten auf, hieß es. Dann klang es bescheidener: Sie beschützten sie vor gierigen Blicken westlicher Geheimdienste. Und da wäre noch der Datenschutz. Schon erwuchs der Eindruck, sie täten gar nichts. Oder durfte die Arbeitsgruppe zur Erforschung der Geschichte des Schriftstellerverbands den Nachlaß der Hauptabteilung XX einsehen? (Ich hätte eine Frage: Wer war IM *»Dozent«*, der mich im Präsidium des Verbandes bespitzelte?)

»Ich kenne jemanden«, sagte die Frau, »der hat noch mehr.« Dann redeten wir über Geld. Dann trafen wir uns wieder, woanders. Dann wollte sie lieber mit meiner Schwiegertochter reden. Frauen unter sich. Einmal sagte sie: »Wenn Sie mich hochgehen lassen wollen: Mir kann nämlich gar nischt passieren, ich hatte nämlich mal 'nen Unfall. Schädelbruch. Seitdem kann ich mir nämlich so gut wie gar nischt mehr merken.«

Nicht nur Reißwölfe haben zur Wendezeit gearbeitet, sondern auch Kopierer. Oder gab es manches doppelt? Später erwarb ich Dokumente aus einer anderen Quelle, und siehe da, allerhand deckte sich.

»Guggen Sie mal, Ihr Freund hier, der hat Sie ooch verpfiffen«, sagte die Frau mit der Wasserfallbrosche.

Als ich ein gewichtiges Bündel zusammen hatte, schrieb ich einen Brief, es war am 13. Juni 1990.

»An den Arbeitsstab zur Auflösung des
Ministeriums für Staatssicherheit, Bürgerkomitee
Leipzig, Dittrichring

Sehr geehrte Damen und Herren.

In den letzten Monaten sind mir verschiedentlich Kopien von Schriftstücken übergeben worden, die sich mit meiner Person befassen. Sie stammen meist aus den Jahren 1975 bis 1982 und tragen den Kopf ›Bezirksverwaltung Leipzig, Abteilung XX‹. Einige stammen aus dem Ministerium für Staatssicherheit in Berlin, es sind auch Telegramme und Informationsberichte einer Abteilung 26 dabei. Natürlich wüßte ich gern, ob diese Kopien echt sind, vorher möchte ich mich zu ihnen nicht äußern. Vielleicht können Sie mir durch eine Prüfung weiterhelfen.«

Antwort kam, und ich legte meine klebrige Beute an der »Runden Ecke«, dem ehemaligen Stasi-Hauptquartier in Leipzig, auf den Tisch. Davor hatten Sprechchöre gegellt: »Stasi in den

Tagebau!« Dort war gewiß kaum einer angekommen. Ich fragte: Ist das Zeug da etwa gefälscht? Ich fragte weiter, ob herauszufinden sei, was 1957/58 nach meiner Verurteilung zu Zuchthaus und Vermögensentzug beschlagnahmt worden war. Am stärksten gräme ich mich um fast vollständige Jahrgänge der »Weltbühne« um 1930. Die sind nie wieder zu beschaffen. Wo sind sie geblieben?

Die Damen und Herren des Bürgerkomitees mußten Staatsanwälte fragen. Dann durften sie kramen. Sie stießen auf Unmassen von Beschlüssen, Berichten und Abhörprotokollen, die über den negativ-feindlichen »Autor II« angefertigt waren, und siehe da, jeder meiner Wische war echt. Nichts entdeckten sie über die Staatsbeute von 1957/58. Das wisse man, wenn überhaupt noch, vermutlich in Berlin. Dort hat sich das Oberste Gericht unterdessen aufgelöst, ein Wiedergutmachungssenat existiert nicht mehr. Im April 1990 war ich freigesprochen, eine siebeneinhalbjährige Zuchthausstrafe verbunden mit Vermögensentzug war kassiert worden. Materielle Entschädigung wurde mir zugesichert, aber die Damen und Herren Richter waren einen Sommer lang unwillig, unfähig oder einfach faul gewesen. Jetzt wird sich die Länderjustiz damit befassen – wo und wann? Und überhaupt?

»Ahnen Sie, wieviel über Sie auf unseren Böden und in unseren Kellern liegt?« wurde ich beim Bürgerkomitee gefragt. »Einunddreißig Aktenordner von je etwa 300 Blatt, darunter acht Ordner mit Kopien Ihrer Briefe. Und ein paar geklaute Briefe sind auch dabei.«

Das war so gewesen: Im Sommer 1976 hatte ich mir ein Herz gefaßt und beschlossen, jede Unterdrückung meiner Texte durch die Zensur der DDR mit einer Veröffentlichung in der Bundesrepublik zu beantworten. Mein Romanvorhaben »Es geht seinen Gang oder Mühen in unserer Ebene« stockte beim Mitteldeutschen Verlag in Halle, da nutzte ich meinen ersten Besuch in der Bundesrepublik seit dem Mauerbau – ich durfte mit dem Hessischen Rundfunk über ein Hörspiel verhandeln – zu Kontakten mit der Autorenedition des Bertelsmann-Verlags und mit der Frankfurter Allgemeinen Zeitung. Dies teilte ich dem Mitteldeutschen Verlag mit, aus ihm heraus wurde sofort das Ministerium für Staatssicherheit informiert. Das erarbeitete am 5. September 1976 einen achtseitigen Maßnahmeplan für den Einsatz durch Spitzel im Schriftstellerverband, im Verlag, in meinem persönlichen Umfeld und beschloß einen Lauschangriff:

»Zur Konkretisierung und weiteren Aufklärung des L. ist der wiederholte Einsatz eines Informellen Mitarbeiters der Abteilung 26 A zu gewährleisten. Verantwortlich: Hauptmann Rapitza.«

Natürlich überlegten wir damals, ob unser Telefon abgehört würde. Na schön, sagten wir, sollen sie doch, wir können sie nicht hindern. Manchmal waren wir vorsichtig, meist nicht. Unser Freund Gustav Just, ein alter Bautzenkumpel, riet, wir sollten uns »von denen da« nicht zwingen lassen, unsere eigene Galle zu fressen. Wir waren froh, daß wir überhaupt ein Telefon hatten.

Im Einsatz waren Postangestellte, die sich zur Mitarbeit verpflichtet hatten, keine Stasi-Hauptamtlichen mit Dienstgrad, Uniform und Pistole. Zu diesem Zeitpunkt wurde ein anderer Leipziger Schriftsteller, Werner Heiduczek, bereits durch die Abteilung 26 B betreut, das heißt, er hatte eine Wanze in der Wohnung.

Die Stasi beschloß:

»Entsprechend der Aufgabenstellung aus dem Operativ-Plan der Hauptabteilung XX vom 10. August 78 wird durch unsere Diensteinheit der Loest, Erich, bearbeitet, da er entsprechend seiner feindlichen Grundeinstellung durch literarische Veröffentlichungen in der DDR und der BRD wesentliche gesellschaftliche Bereiche unserer sozialistischen Entwicklung angreift. Es sind folgende Maßnahmen zu realisieren. Punkt 3,4:
Ständige Analysierung des erarbeiteten Materials im Rahmen der Bearbeitung des Heiduczek zur Erarbeitung von Ansatzpunkten der Zersetzung des Kontaktes zu Loest. Die bereits vorliegenden Informationen aus dem Einsatz des Informellen Mitarbeiters der Abteilung 26 B bei Heiduczek sind dahingehend zu überprüfen, inwieweit unter Wahrung der Konspiration durch den Einsatz

zuverlässiger Informeller Mitarbeiter gezielte Indiskretionen verbreitet werden können, die darauf schließen lassen, daß Heiduczek die Partei und die staatlichen Organe in der Auseinandersetzung mit Loest durch entsprechende Hinweise unterstützt.
Verantwortlich: Hauptmann Baumheier.«

Allmählich las ich mich ein. BV – Bezirksverwaltung. OV – Operativer Vorgang. IM bedeutete Inoffizieller Mitarbeiter, das war eine Privatperson. Ein GMS war ein Gesellschaftlicher Mitarbeiter Sicherheit, er arbeitete in einer Behörde oder Institution. PID – politisch-ideologische Diversion. DE – Diensteinheit.

Ich fand diese Wanzenmeldung:

»Werner Heiduczek äußert gegenüber seiner Ehefrau seine Abscheu gegenüber dem im ›Neuen Deutschland‹ erschienenen Artikel von Dieter Noll. Aus Protest gegen die Aussage des Artikels will Heiduczek eine Sympathiebekundung an Seyppel schicken.«

Der Artikel im SED-Zentralblatt war ein Brief, den der Schriftsteller Dieter Noll untertänigst seinem feudalen Parteioberen geschrieben hatte. Angesichts des kurzen Gedächtnisses vieler Zeitgenossen will ich den Text vom Mai 1979 in seiner ganzen widerwärtigen Schönheit dem Vergessen entreißen:

Sehr verehrter Genosse Erich Honecker!
Angesichts der Hetzkampagne, die von den Feinden unserer sozialistischen Gesellschaft gegenwärtig mit ungewöhnlicher Intensität geführt und auch in unser Land hineingestrahlt wird, ist es mir ein Bedürfnis, Ihnen ein paar impulsive Zeilen zu schreiben. Denn der Gegner gibt ja mit unverschämter Anmaßung vor, im Namen vieler oder gar aller Schriftsteller unseres Landes zu sprechen. Davon, lieber Genosse Honecker, kann überhaupt keine Rede sein!
Die gesetzlichen Verordnungen, die sich gegen die subversive Tätigkeit der feindlichen Massenmedien richten, und die notwendige Konsequenz, die diesen Maßnahmen Respekt verschafft, wurden von mir und meinen Freunden mit Genugtuung zur Kenntnis genommen. Und ich möchte Ihnen versichern, daß die übergroße

Mehrheit meiner Berufskollegen dies ebenso sieht wie ich. Einige wenige kaputte Typen wie die Heym, Seyppel oder Schneider, die da so emsig mit dem Klassenfeind kooperieren, um sich eine billige Geltung zu verschaffen, weil sie offenbar unfähig sind, auf konstruktive Weise Resonanz und Echo bei unseren arbeitenden Menschen zu finden, repräsentieren gewiß nicht die Schriftsteller unserer Republik. Die Partei kann auch überzeugt sein, daß die überall in den Betrieben arbeitenden Menschen unseres Landes die Maßnahmen unserer Regierung billigen und kein Verständnis dafür aufbringen, wie da ein kleiner Klüngel von sogenannten Literaten verzweifelt von sich reden machen will, indem er sich vor den Karren des Westfernsehens spannen läßt oder die Partei mit unverschämten offenen Briefen traktiert: Davon habe ich mich im Gespräch mit meinen Lesern während der letzten Wochen allerorts, zwischen Prora und Meiningen, überzeugen können.

Die Mehrheit der Schriftsteller denkt hingegen wie ich: Wir sollten uns nicht durch dreiste Einmischung der bürgerlichen Journaille in unserer Kulturpolitik stören lassen. Und die Kulturpolitik des VIII. und IX. Parteitages ist uns kostbar und teuer, denn sie hat uns eine neue Dimension künstlerischer Schaffensfreiheit erschlossen. Wir – meine Kollegen und ich – werden bemüht sein, eine dieser Kulturpolitik adäquate neue Qualität tieferer künstlerischer Eigenverantwortung künftig immer besser zu zeigen und entschlossener zu verwirklichen, zum Wohl der kulturellen Weiterentwicklung dieses unseres Staates, dessen wachsende sozialistische Wirklichkeit unserem Willen und Wollen entspricht.

Sehr verehrter Genosse Erich Honecker, es ist viel Zeit vergangen, seit Sie mir einmal anerkennende Worte über meinen »Werner Holt« gesagt haben. Ich habe versucht, diese Zeit optimal zu nutzen, auch wenn es zeitweilig still um mich geworden war. Heute nun, da mein neuer Roman den Bürgern unseres Landes vorliegt und einiges Interesse erweckt hat, gebe ich der impulsiven Regung nach, Ihnen diese Zeilen zu schreiben, damit Sie noch fester überzeugt sein können: Meine Schriftstellerkollegen und ich sind und bleiben der Partei für immer in Treue verbunden.

Ich schließe mit den besten Wünschen für Ihr persönliches Wohlergehen und bin aufrichtig

Ihr Dieter Noll

14

Mit sieben anderen Schriftstellern, die alle in Berlin wohnten, hatte ich kurz vorher gegen eine Strafverfolgung Stefan Heyms bei Honecker protestiert. Nach einer infamen Rede Hermann Kants waren die Berliner aus dem Verband geworfen worden, mir war noch eine Frist vergönnt.

So las ich und las, stieß auf Vergessenes und Verschollenes, Unbekanntes und falsch Eingeschätztes. Zwei langjährige Freunde waren Stasi-Spitzel gewesen, »Hans Heiner« und »Lehrer«. Den einen enttarnten die Zusammenhänge sofort, beim anderen mußte ich angestrengt kombinieren, bis ich ihn in der Klemme hatte. Auch dann log er noch, probierte schlau, wieviel ich wohl wüßte, und berief sich auf sein schwaches Gedächtnis – es war ja alles mindestens zehn Jahre her.

Wer war IMS »Grit«? Im Schriftstellerverband in Leipzig wurden IMV »Frank« und GMS »Brauer« tätig. Das V bedeutet meines Wissens soviel wie Vorläufig oder Vorgesehen, ein Anfänger in der hohen Kunst des Spitzelns also. GMS »Burkhard« (Schlüsselposition) sollte Informationen für das Ministerium für Kultur erarbeiten – zu wem gelangten sie? Weiß es Klaus Höpcke, der dort Stellvertreter des Ministers war?

Ein Stück Lebensbericht war nahezu fertig, »Der Zorn des Schafes« sollte er heißen. Für den Herbst 1990 war das Erscheinen vorgesehen – also schnitt ich an die sechzig Seiten Stasi-Material kommentierend und flankierend ein; es war die widerwärtige Arbeit von drei Wochen. Für ein Dokumentarstück, das der Deutschlandfunk mit dem SFB produzierte, wählte ich als Titel die alte Biermannzeile: »Die Stasi ist mein Eckermann« und transponierte sie in die Vergangenheit. Ein Feature von 115 Minuten entstand und wurde am 29. September 1990 urgesendet. Allein und still saß ich an diesem Abend vor dem Radio, das Lautwerden dieser Phase griff mir schmerzhaft ans Herz.

Ich wußte: Manche wollten gar nicht wissen, wie sie gelebt worden waren. Ich mußte da durch.

Da hieß es:

»AIM ›Grit‹. Die Kontaktaufnahme zum AIM erfolgt mit dem Ziel der Erarbeitung von Informationen über literarische Vor-

haben, Veröffentlichungen und Verlagsverbindungen zur Person des L.«

Was bedeutet das A? Verantwortlich für diese »Maßnahme« war Oberleutnant Claus. Vielleicht finde ich ihn im Leipzig unserer Tage?

Der letzte DDR-Innenminister, Diestel, hat Aufklärung behindert. Jetzt heißt der oberste Hüter aller Stasi-Akten Joachim Gauck. Ich setze auf ihn.

II

Aus meiner Stasi-Akte

Gefertigt: 20 Exemplare
10. Exemplar

Information

über negative und feindliche Aktivitäten von Personen aus dem kulturellen Bereich

---

Es kann eingeschätzt werden, daß es gelungen ist, die vom VIII. Parteitag beschlossene kulturpolitische Konzeption im kulturellen und künstlerischen Leben der DDR durchzusetzen. Die gesellschaftliche Verantwortung der Schriftsteller und Künstler hat sich weiter erhöht.

In den einzelnen Künstlerbereichen ist es – wenn auch mit unterschiedlichem Niveau – gelungen, Kunstwerke zu schaffen, die sich ideologisch und künstlerisch auf der Höhe des VIII. Parteitages befinden. Bei einigen Künstlern und Schriftstellern zeigen sich jedoch ideologische Unsicherheiten, die aus unausgereiften, wissenschaftlich ungenügend begründeten weltanschaulichen Auffassungen resultieren. Es gibt auch Handlungen, die sich gegen die Grundpositionen der Rolle und Politik unserer Partei und unseres sozialistischen Staates richten.

Dabei ist seit Ende des Jahres 1974 festzustellen, daß negative und feindliche Personen unter Ausnutzung legaler Möglichkeiten verstärkt versuchen, massenwirksam zu werden und ihre Öffentlichkeitsbasis im DDR-Maßstab zu erweitern. Zu diesen Personen gehört der Schriftsteller

H e y m , Stefan
geb. am: 10. 4. 1913

der als ehemaliger Emigrant Anfang der fünfziger Jahre aus den USA in die DDR übersiedelte. Seine politische Entwicklung verlief negativ. Es ist einzuschätzen, daß er heute eine die gesellschaftlichen Verhältnisse in der DDR und den real existierenden Sozialismus überhaupt ablehnende feindliche politische Einstellung hat.

Heym unterhält eine Vielzahl von Verbindungen in das kapitalistische Ausland und besonders in die BRD, wo seine Bücher ebenfalls verlegt werden. Dabei handelt es sich um Werke, die eine negative bis feindliche Aussage zum Inhalt haben und nicht in der DDR veröffentlicht wurden (»Fünf Tage im Juni« – eine nicht unserer gesellschaftlichen Entwicklung entsprechende literarische Gestaltung des 17. Juni 1953).

Seine Bücher »König David Bericht« und »Die Schmähschrift« lassen ebenfalls fragwürdige Positionen erkennen. Sie finden vor allem Verbreitung unter Intellektuellen, Künstlern und studentischen Kreisen, die Heym in erster Linie auch ansprechen will.

Heym greift in seinen Arbeiten die politische Macht der Arbeiterklasse an und fordert einen Führungsanspruch für Intellektuelle und Künstler.

Heym trat Ende 1974 mit massiven Angriffen gegen die Kulturpolitik unserer Partei auf. Er forderte die Abschaffung einer angeblich in der DDR existierenden Zensur und eigene Verlage und Massenmedien für Künstler, um dieser angeblichen Zensur ausweichen zu können. Seine feindlichen und negativen Aktivitäten stimmt er mit anderen, ähnlich- oder gleichgesinnten Personen (Jurek BECKER, Klaus SCHLESINGER) ab.

Bei der Taktik seines Vorgehens ist zu beachten, daß er versucht, die Staatsorgane der DDR unter Druck zu setzen, indem er vollendete Tatsachen zur Durchsetzung von Forderungen schafft bzw. zu schaffen versucht. Seine Absicht dabei ist es, zu erreichen, daß die entsprechenden Organe seinen provokatorischen Forderungen nachkommen, um »Skandale« zu vermeiden. (Z. B. gab Heym für eine Lesereise in die BRD den einladenden Institutionen bindende Zusagen und wandte sich erst dann an das Ministerium für Kultur wegen des notwendigen Visums; ausgehend von der Überlegung, daß eine Ablehnung seiner Ausreise vom Gegner propagandistisch ausgenutzt werden könnte und die DDR das vermeiden möchte.)

Am 11.3.1975 hielt H e y m in Berlin-Köpenick im Kultur-
zentrum Schloßinsel eine Lesung aus seiner Erzählung »Wachs-
muth-Syndrom«. Veranstalter war die Abteilung Kultur des
Stadtbezirkes. Beim vertraglichen Abschluß der Lesung gab
H e y m nicht an, was er lesen wolle, womit sich der Veranstalter zufriedengab. (Im Falle des »Wachsmuth-Syndroms« handelt es sich um eine Erzählung ohne vordergründige negative
oder feindliche Aussage.) H e y m forderte jedoch vom Veranstalter einen größeren als den vorgesehenen Raum mit der
Androhung, es gäbe einen Skandal, wenn interessierte Personen keinen Zutritt erhalten könnten und die VP einschreiten
müßte. Er schreckte in diesem Zusammenhang nicht vor gezielten Lügen zurück, indem er mit »Anrufen von Betrieben« argu-
mentierte, wonach von interessierten Personen bereits
gekaufte Karten zurückgegeben werden müßten, da die Raum-
kapazität nicht ausreiche. H e y m erreichte damit die Bereit-
stellung eines größeren Raumes, der schließlich nicht vollständig ausgelastet wurde.

Operativ wurde bekannt, daß H e y m auch weiterhin beabsichtigt, Lesungen mit anschließender Diskussion in der DDR
durchzuführen. Er will damit eine größere Popularität erreichen, publikums- und öffentlichkeitswirksam werden, um von
dieser Position aus Forderungen, sein Buch »Fünf Tage im
Juni« in der DDR zu veröffentlichen, zu stellen.

In der operativen Arbeit ist zu beachten, daß H e y m kein
sog. Leseverbot in der DDR hat.

Betriebe, staatliche und gesellschaftliche Institutionen handeln bei Einladungen an H e y m zu Lesungen teilweise aus
Unkenntnis über dessen Person und politische Haltung und
gehen nur davon aus, daß er ein bekannter Schriftsteller ist.

Bei Bekanntwerden von Lesungen des H e y m sind sofort
die Kreis- bzw. Bezirksleitungen der Partei zu informieren, um
durch eine koordinierte Vorbereitung seitens Partei- und
Staatsorgane Möglichkeiten für ein offensives Auftreten gegen
H e y m zu sichern, falls dieser bei seinen Lesungen negativ/
feindlich auftritt. Durch das MfS sind auf inoffizieller Basis
operative Maßnahmen einzuleiten, um die Kontrolle des
H e y m und der gesamten Veranstaltungen zu gewährleisten.

Einige Gedanken zu

> Wolf, Christa
> geb. am 12. 3. 1929

gehört zu einer Gruppe in der Sektion Literatur der Akademie der Künste der DDR, die mehr oder weniger offen eine Theorie des Aufzeigens angeblich wunder Punkte als Aufgabe des Schriftstellers verkündet. Kleinbürgerlich-abstrakter Humanismus, ein subjektivistischer Alleinanspruch auf absolute Wahrheit führen bei ihr zu einer Verabsolutierung des kritischen Elements in der Kunst, wobei sie nicht von den Positionen des sozialistischen Realismus und den Errungenschaften unseres Staates ausgeht.

Ähnliche Positionen vertritt der Lyriker

> Kunze, Rainer
> geb. am 16. 8. 1939

der durch westliche Massenmedien hochgespielt wird und dessen Bedeutung als Vertreter einer »wahren DDR-Lyrik« durch die Mitgliedschaft in der Bayrischen Akademie der Schönen Künste aufgewertet werden sollte.

Im »Haus der jungen Talente« in der Hauptstadt der DDR läuft seit mehreren Monaten eine Veranstaltungsreihe »Eintopp« unter der Leitung von

> Wegener, Bettina
> geb. am 4. 11. 1947
> freiberufliche Sängerin
> Ehefrau des negativ bekannten Schriftstellers
> Klaus Schlesinger.

Für Lesungen in dieser Veranstaltungsreihe hatte sie auch Heym und Jurek Becker gewonnen. Im Rahmen der Veranstaltungsreihe kam es mehrfach zu negativen bis feindlichen Aussagen in den Vorträgen durch die Wegener selbst bzw. durch von ihr verpflichtete Personen. Dabei gelang es positiven Kräften nicht immer, Zustimmung und Sympathiebekundungen des vorwiegend jugendlichen Publikums für solche negativen Aussagen abzublocken bzw. zurückzudrängen.

Die Wegener arbeitet eng mit

Pannach, Gerulf
geb. am 24. 6. 1948
freiberuflicher Sänger und Texter

und Fuchs, Jürgen
geb. am 19. 12. 1950
Psychologiestudent an der Friedrich-Schiller-
Universität Jena
betätigt sich als Lyriker und Erzähler

zusammen. Sie nutzen öffentliche Beat-Abende, Lyrikabende, literarisch-musikalische Veranstaltungen in Klubhäusern, Jugend- und Studentenklubs oder anderen Veranstaltungsräumen zur Verbreitung negativen und feindlichen Gedankengutes in Liedern, Gedichten und Erzählungen aus.

Alle drei Personen traten am 7. 2. 75 in Bad Köstritz/Gera auf. In ihren Vorträgen diffamierten sie die DDR und griffen die gesellschaftlichen Verhältnisse in der DDR in einer derart massiven und aggressiven Weise an, daß eine geplante zweite Veranstaltung am 8. 2. 75 auf der Grundlage eingeleiteter op. Maßnahmen durch die zuständigen staatlichen Organe verhindert werden mußte.

Ihre Vorträge richteten sich insbesondere gegen
- die Staatsorgane der DDR
- die sozialistischen Schutz- und Sicherheitsorgane
- gewählte Volksvertreter und die sozialistische Demokratie
- Vertreter von Massenorganisationen (FDJ).

Die Wegener, Pannach und Fuchs unterhalten enge Verbindungen zu Biermann.

Sie beabsichtigen, besonders im Rahmen von Hochschulveranstaltungen (Universitätswochen u. ä.) auch weiterhin aufzutreten. Überlegungen gibt es ihrerseits zu Auftritten bei kirchlichen Veranstaltungen, Kulturveranstaltungen verschiedener Art, Ausstellungen u. a. Zusammenkünften von Personen.

Bei F u c h s , Jürgen (Mitglied der SED) ist zu beachten, daß er versucht, seine Absichten mit Aktivitäten in der FDJ-Arbeit der Universität Jena zu tarnen.

Pannach, Gerulf, einem exmatrikulierten Studenten der Karl-Marx-Universität Leipzig und häufigen Texter der Klaus-Renft-Combo, wurde durch die Abt. Kultur beim Rat des Bezirkes Leipzig aufgrund seines negativ/feindlichen Auftretens der Berufsausweis entzogen und Auftritte als Kapellensänger nur befristet und mit Genehmigung der Abt. Kultur gestattet. Pannach trat ohne Genehmigung am 4. 3. und 5. 3. 75 in der Hauptstadt in einer Veranstaltung »Beat im Metropol« (»Metropol-Theater«) und in Karl-Marx-Stadt an der Technischen Hochschule auf. Er benutzte dazu Konzerte der Klaus-Renft-Combo, die ihm durch Spielpausen ein Auftreten ermöglichte und dabei betonte, daß Pannach zwar »Auftrittsverbot« habe, die Combo sich jedoch mit ihm solidarisiere.

Bei der Veranstaltung in Karl-Marx-Stadt trat ein namentlich noch nicht bekannter angeblich juristischer Berater der Klaus-Renft-Combo auf und untersagte Mitschnitte der Veranstaltung. Pannach trug mit Gitarre eigene und Lieder von Wolf Biermann und Kurt B a r t s c h vor. Darunter befanden sich das »Che-Guevara-Lied« und »Die Ballade vom Kameramann« von Biermann. Seine eigenen Lieder richteten sich (»Lied über den 1. Mai«, »Überholen ohne einzuholen«) besonders gegen die Maifeiern in der DDR, zu denen die Menschen auf die Straße getrieben, mit Alkohol »versorgt« würden, während die Ideen von Marx und Engels verraten worden seien.

In der DDR würden Idioten zu Idolen gemacht; das sei »DDR-Konkret«.

Durch das Bundessekretariat des Kulturbundes der DDR wurden mit Schreiben vom 14. 2. 1975 alle 1. Sekretäre der Bezirksleitungen des Kulturbundes vom Vorkommnis in Bad Köstritz in Kenntnis gesetzt und aufgefordert, dafür Sorge zu tragen, daß die Personen Wegener, Pannach und Fuchs im Kulturbund künftig nicht mehr auftreten können.

Am 21. 3. 1975 informierte der Minister für Kultur alle Mitglieder der Räte und Leiter der Abteilungen Kultur der Räte der Bezirke über das Auftreten des Pannach. Er bestätigte das

Auftrittsverbot für Pannach und beauftragte alle Leiter, einen Auftritt von Pannach mit oder ohne Renft-Combo nicht zuzulassen.

Durch die Generaldirektion beim Komitee für Unterhaltungskunst der DDR erfolgte mit der Renft-Combo eine Aussprache. In ihrem Ergebnis wurde dem Leiter der Combo eindeutig zu verstehen gegeben, daß ein Auftreten mit Pannach Konsequenzen für das weitere Bestehen der Combo nach sich ziehen werde.

Zur Verhinderung weiterer derartiger negativer bzw. feindlicher Aktivitäten dieser und anderer Personen sind folgende Maßnahmen durchzusetzen:

- Gewährleistung einer verstärkten operativen Kontrolle von Beat-, Lyrik- und musikalisch-literarischen Veranstaltungen einschließlich von Jugend- und Studentenklubs sowie Kulturhäusern.

  Derartige Veranstaltungen sind stärker durch inoffizielle und offizielle Kräfte abzusichern.

  Durch schnelle Informierung der Partei- und Staatsorgane ist bei negativen Vorkommnissen ein sofortiges Eingreifen zu gewährleisten.

- Die Möglichkeiten des IM-Systems sollten über linienspezifische Gesichtspunkte hinaus genutzt werden, um besonders Pläne, Absichten und weitere Vorhaben der genannten Personen aufzuklären.

- Durch den Minister für Kultur wurde die DVP/Erlaubniswesen bereits gebeten, der ordnungsgemäßen Anmeldung derartiger Veranstaltungen besondere Bedeutung beizumessen. In enger Zusammenarbeit mit der Linie VII ist zu gewährleisten, daß derartige Veranstaltungen rechtzeitig signalisiert werden und ein ständiger Überblick vorhanden ist.

- Bei Veranstaltungen mit der Klaus-Renft-Combo ist besondere Wachsamkeit geboten, da die Gruppe auch Auftritte ohne Pannach zu Sympathie- und Solidaritätsbekundungen nutzte.

  Durch geeignete operative Maßnahmen ist entsprechend der konkreten Bedingungen eine umfassende Kontrolle zu sichern.

- Über die zuständigen staatlichen Organe ist zu gewährleisten, daß vor Beginn von Veranstaltungen Programme und Texte vorliegen und überprüft werden können. Berufsausweise und Auftrittsberechtigungen sind ebenfalls zu überprüfen. Nach Möglichkeit sollte auf die Vertragsabschlüsse dahingehend Einfluß genommen werden, daß ein Abweichen von bestätigten Programmen ausgeschlossen ist bzw. Sanktionen nach sich zieht.
Durch den Minister für Kultur wurden die Leiter der Abteilungen Kultur bei den Räten der Bezirke und Kreise auf die Einhaltung der staatlichen Ordnungen hingewiesen und zu verstärkter politischer Wachsamkeit aufgefordert. Die vorhandenen staatlichen Normative sind durchzusetzen. Zu sichern ist, daß nur bestätigte Programme zum Vortrag kommen.
- Bei Verstößen gegen Verträge und Vereinbarungen und politisch negativ/feindlichen Aktivitäten sind in Zusammenarbeit mit den staatlichen Organen Maßnahmen und Festlegungen zu beraten, die Wiederholungen oder ähnliche Vorkommnisse ausschließen.
- Bei Veranstaltungen besonders des genannten Personenkreises sollten alle Möglichkeiten der Dokumentierung genutzt werden, die einen Vergleich mit dem vorgegebenen Programm ermöglichen.
- Über derartige besondere Vorkommnisse und Aktivitäten ist die HA XX umgehend zu informieren. Alle anderen politisch-operativ bedeutsamen Probleme auf dieser Linie sind in den Monatsberichten darzulegen.

Rückgabetermin: 30. 12. 1975 an Hauptabteilung XX/AIG

Information

1. Am 17. 10. 1978 wurde am PZA Leipzig eine Grobsendung (postalisch nicht nachweisbar) festgestellt, die von der

> Pressestelle der Deutschen Verlags-Anstalt GmbH
> Stuttgart
> 7 Stuttgart, Neckarstraße 121

an Herrn
Erich Loest

zum Versand gebracht wurde. Der Inhalt dieser Sendung besteht aus 5 Rezensionsblättern zu dem vom Empfänger verfaßten Roman »Es geht seinen Gang«. Sie beinhalten Hetze und Verleumdung gegen die DDR.

Am 3. 11. 1978 wurde diese Sendung dem Leiter des Büros des Ministers für Kultur, Genossen Werner, durch den Stellvertreter des Leiters der Zollverwaltung, Genossen Inspekteur Arndt, zur Kenntnis und Übermittlung eines Standpunktes übergeben (vgl. Anlage 1). Die Antwort liegt noch nicht vor. Die Sendung steht bis zur Herbeiführung einer abschließenden Entscheidung unter Verfügungsverbot.

2. Am 17. 11. 1978 wurde am PZA Leipzig eine weitere Grobsendung der Deutschen Verlags-Anstalt GmbH, 7 Stuttgart, Neckarstraße 121, an Herrn Erich Loest festgestellt. Diese Sendung beinhaltet

> 1 Rezension des »Spandauer Volksblattes« v. 1. 10. 78
> 1 Rezension der »Gemeinsamen Zeitung der
> katholischen Arbeitnehmer Bewegung Köln«
> 11/78 und
> 1 Manuskript vom Süddeutschen Rundfunk.

Die Rezensionen beinhalten Hetze und Verleumdungen gegen die DDR. Die Sendung ist im Original als Anlage 2 beigefügt.

Sie befindet sich gleichfalls bis zur Herbeiführung einer abschließenden Entscheidung unter Verfügungsverbot und könnte je nach Erfordernis ohne Benachrichtigung eingezogen oder dem Genossen Werner im Ministerium für Kultur ebenfalls zur Abstimmung zugeleitet werden.

3. Am 17. 11. 1978 wurde am PZA Leipzig

> 1 Paketsendung (Nr. 208),
> (postalisch nachweisbar)

an Herrn Erich Loest festgestellt. Absender dieser Sendung ist:

> Mohr
> 45 Osnabrück
> Natruperstr. 8

In dieser Sendung sind 19 Fotografien enthalten, die alle auf der Rückseite den Stempelaufdruck

> »Copyright
> Stern
> Hamburg 1
> Foto: Meffert«

tragen. Diese Bilder enthalten Aufnahmen von Erich Loest in Leipzig und ältere Familienfotos. Die Aufnahmen von Erich Loest in Leipzig lassen u. a. darauf schließen, daß er sich in Begleitung eines BRD-Bürgers befindet. Diese Aufnahmen sind als Anlage 3 beigefügt. Die Sendung befindet sich ebenfalls unter Verfügungsverbot.

4. Am heutigen Tage ist der Journalist der Zeitung »Stern«

> Winfried Maaß
> geb. 31. 10. 1928
> wohnhaft: in Hamburg
> Bantschowstraße 26

über das GZA Bornholmer Straße mit einem gelben BMW (Mietwagen) – Kennzeichen M-UV 3348 – eingereist. Er führte ein Manuskript von 20 Seiten zu dem Buch von Erich Loest

»Es geht seinen Gang« mit, das er dem Verfasser in Leipzig persönlich überbringen will. Dieses Manuskript soll im »Stern« veröffentlicht werden. Am Grenzzollamt wurde das Manuskript dokumentiert und dem Journalisten die Einfuhr in die DDR gestattet. Der Film ist als Anlage 4 beigefügt.

Sachstandsbericht

14. 05. 1979   Loest erhält von der »Autorenbuchhandlung Berlin« (WB) eine Einladung für eine Lesung am 20. 11. 1979.

14. 05. 1979   Böckel (Verlag »Hoffmann und Campe«) bittet in einem Brief an Loest, dieser möge Einladungen der Universitäten von Bremen und Hamburg zur Durchführung von Lesungen im Juni 1979 wahrnehmen.

15. 05. 1979   Loest erhält vom Hessischen Rundfunk das Buch »Wie war das eigentlich?« (Kindheit und Jugend im 3. Reich) des BRD-Autors Max von der Grün zur Erarbeitung einer Rezension, die Dr. Corino in der BRD publizieren will.

17. 05. 1979   Der BRD-Journalist Wilfried Maas (»Stern«) spricht mit Loest telefonisch über sein Vorhaben einer umfangreichen Reportage über Loest im Frühherbst 1979. Dazu fragt er Loest, ob das 1978 mit ihm durchgeführte Interview noch verwendbar ist. (Siehe dazu den Sachstandsbericht vom 15. 2. 1979, S. 8). Loest schlägt ein neues Interview vor, um aktuell zu sein.
Weiter bietet Maas dem Loest die Vermittlung zur BRD-Zeitschrift »Geo« an, die an Publikationen von Beiträgen Loest's interessiert sei.
Nach Maas Darstellung handelt es sich bei »Geo« um eine ähnliche Zeitschrift wie »Merian« (in deren Ausgabe 9/77 Loest zwei Beiträge veröffentlichte – siehe Auskunftsbericht v. 24. 8.1978

– S. 3/4!), allerdings mit höherem literarischen Niveau.

Loest stimmt dem Vorschlag zu.

19.05.1979 Loest stimmt sich betreffs der Teilnahme am Empfang der BRD-Vertretung mit dem Leipziger Maler Prof. Mattheuer ab, der ebenfalls eine Einladung verhielt, jedoch – vermutlich wegen seiner Reisevorbereitungen – nicht teilnehmen kann. Mattheuer bittet Loest, ihm aus Berlin seine Reisedokumente mitzubringen.

20.05.1979 Gerhard Zwerenz teilt telefonisch der Ehefrau des Loest mit, daß in Schweden die Herausgabe Loest's Roman »Es geht seinen Gang« in einer Auflagenhöhe von 100 000 Exemplaren geplant ist. Das Honorar für Loest belaufe sich auf 45 000 Schwedenkronen. Die notwendigen vertraglichen Vereinbarungen werde Zwerenz unterstützen.

22.05.1979 Loest nimmt an dem Empfang in der BRD-Vertretung teil. Durch Kontrollmaßnahmen der HA II wird festgestellt, daß Loest anschließend gemeinsam mit Rainer Haarmann die Wohnung dessen Sekretärin in der Hauptstadt der DDR aufsucht und dort übernachtet.

24.05.1979 Nach vorheriger telefonischer Vereinbarung trifft sich Loest mit dem Mitarbeiter der BRD-Vertretung, Axel Schmidt-Göbelitz, in Leipzig. Nach Loest's Darstellung führten beide ein mehrstündiges Gespräch außerhalb der Wohnung Loest's während eines Spazierganges (Inhalt nicht bekannt).

Loest informiert anschließend telefonisch Rainer Haarmann über das erfolgte Zusammentreffen und vereinbart für den 28.5.1979, 13.00 Uhr ein erneutes Treffen in der Hauptstadt Berlin.

(Unklar ist, ob der Treff mit Haarmann oder Schmidt-Göbelitz erfolgen soll. Loest schlägt vor, den Treff »in der Wohnung« durchzuführen. Am Vormittag will Loest zum BfU, um Schecks abzuholen.) Eine Kontrolle über diesen Treff erfolgte nicht. Ob er stattgefunden hat, kann nicht eingeschätzt werden.

25.05.1979   Jörg Bilke informiert Loest telefonisch, daß am 21.5.1979 seine »große Rezension« über Loest in der »Welt« erschienen ist. Den Artikel habe er an Loest abgeschickt (bisher operativ noch nicht festgestellt). – Siehe Bilke vom 10.5.1979.
Bilke erwartet für den 26.5.1979 Karl-Heinz Jacobs zu einer Lesung in München. Loest läßt Grüße an J. ausrichten. Bilke soll Jacobs sagen, »sie hätten ihn letzte Woche gut gebrauchen können«. (Offensichtlich meint Loest eine Beteiligung Jacobs an dem Protestbrief vom 16.5.1979. Jacobs hält sich seit dem 5.5.1979 in der BRD zu einer Lesereise auf.)

28.05.1979   Werner Heiduczek und Gerti Tetzner verständigen sich darüber, gemeinsame Absprachen unter Einbeziehung von Peter Gosse zu führen, um einen Ausschluß Loest's aus dem SV/DDR zu verhindern.
Die T. erklärt, daß sie genauso handeln müßten wie im Fall Biermann. (Damals verfaßten Tetzner, Gosse und Preuß mit Jendryschik – Halle – einen Protestbrief. Ihr weiteres Vorgehen stimmten sie mit Heiduczek ab. Preuß soll diesmal wegen eines Nervenleidens nicht einbezogen werden.)
Tetzner berichtet, daß ihr Loest am 24.5.1979 erklärt hat, daß keine Meldung betreffs des Protestbriefes an die BRD-Medien geplant gewesen sei. Heiduczek berichtet der Tetzner, daß er

einen Brief an Seyppel geschrieben hat, den dieser auch öffentlich verwenden könne. In dem Brief habe sich H. gegen die Angriffe Noll's verwahrt.

30. 05. 1979 In der Vorstandssitzung des SV/DDR nimmt der Vizepräsident Nowotny eine versöhnlerische Haltung zu Loest ein. Außerdem befürchtet er, daß im Leipziger Verband keine Mehrheit für einen evtl. notwendigen Ausschluß Loest's zustande kommt.

31. 05. 1979 Loest verständigt sich mit seinem Bekannten Wolfgang U. Schütte (Leipziger Mitglied des SV/DDR) über die für den 5. 6. 1979 geplante Leipziger Verbandsversammlung. Loest ist optimistisch, daß es zu einer sachlichen Diskussion ohne Konfrontation kommen wird. Sch. vertritt die Auffassung, daß das einzige »Unkorrekte« an dem Protestbrief die Veröffentlichung in den BRD-Medien sei, wofür Loest überzeugt eine Verantwortung ablehnt. Er wisse nicht, wo die »undichte Stelle« sei. Noll habe offensichtlich als erster auf den Brief reagiert.

31. 05. 1979 Heiduczek will von Helmut Richter (Leipziger Autor) Informationen über die Vorstandssitzung des SV/DDR vom 30. 5. 1979 im Zusammenhang mit möglichen Konsequenzen für Loest erfahren. Richter vertritt konsequent die Darlegungen Hermann Kant's. Heiduczek interessiert sich besonders für das Auftreten Hermlin's, der nach Richter's Darstellung voll hinter Kant stehe.

31. 05. 1979 Heiduczek vereinbart mit Tetzner, Gerti und Reiner, eine gemeinsame Absprache mit Loest zur Auswertung der Vorstandssitzung des SV/DDR und der Festlegung ihres weiteren taktischen Ver-

haltens. Die Zusammenkunft findet am 2. 6. 1979 bei Tetzner statt. Heiduczek selbst kann nicht teilnehmen. Gerti Tetzner kenne aber Heiduczek's Standpunkt, der mit ihrem übereinstimmt, und wird ihn vertreten.

(H. und T. erwarten von Loest rückhaltlose Offenheit, wenn sie ihm helfen sollen. Eine organisierte Zusammenarbeit mit BRD-Medien halten sie für taktisch falsch, da dies für die Kulturfunktionäre der DDR Anlaß für Auseinandersetzungen und Maßnahmen sei, die ihnen schaden. Heiduczek ist verärgert, daß Loest ihn nicht über seine Beteiligung am Protestbrief informiert hatte.)

31. 05. 1979   Eine Frau WEISSMANN (bisher nicht identifiziert) teilt Frau Loest mit, daß sie an den SV/DDR in Berlin ihre Stellungnahme zu dem Beschluß vom 30. 5. 1979 senden will, in der sie vermutlich für Loest Position ergreift.

31. 05. 1979   Eine Frau FEDERHEN (oder ähnlich) aus Stuttgart informiert Frau Loest, daß 1980 die geplante Verfilmung Loest's Roman »Es geht seinen Gang...« durch die ARD in Zusammenarbeit mit dem ZDF erfolgen wird. Von Loest's Roman seien 4 957 Exemplare in der BRD verkauft. Ein Schwedischer Buchclub werde dem Roman 1980 in 110 000 Exemplaren (Pflichtbezug durch alle Clubmitglieder) herausbringen. (Siehe Zwerenz vom 20. 5. 1979.)

01. 06. 1979   Das Mitglied des Rates des Bezirkes für Kultur, Gen. Geldner, führt entsprechend der Orientierung des Staatssekretärs im Ministerium für Kultur, Gen. Kurt Löffler (Loest solle von übrigen 7 Unterzeichnern des Protestbriefes getrennt werden und sich öffentlich von der erfolgten Über-

mittlung einer Information an die BRD-Medien distanzieren) eine Aussprache, in deren Ergebnis sofort den vorliegenden Brief an den Minister für Kultur verfaßt und dem Gen. Geldner zur Verfügung stellt.

In anschließenden Gesprächen mit Kontaktpersonen äußert sich Loest erfreut über den sachlichen Verlauf des Gespräches. Die Erklärung an Hoffmann habe er ihnen zuliebe gern geschrieben, da ja tatsächlich keine Information an BRD-Medien vereinbart gewesen sei.

2./3. 06. 1979   Das Fahrzeug Haarmanns wurde durch Kontrollmaßnahmen der Abt. II am 2. 6. 1979 und 3. 6. 1979 nachmittags im Wohngebiet des Loest festgestellt. Da keine Beobachtung Haarmanns erfolgte, ist dessen genauer Aufenthalt in Leipzig nicht bekannt.

05. 06. 1979   Vor Beginn der Leipziger Verbandsversammlung verständigen sich Heiduczek und Tetzner nochmals über ihr Vorgehen. Beide sind der Auffassung, daß der Charakter aller bisherigen Aussprachen und Beratungen durch die Funktionäre der BL der SED und des Rat des Bezirkes sowie die Haltung von Hans Pfeiffer (Vorsitzender des Leipziger Bezirksverbandes), Nowotny und M.W. Schulz (beide Vizepräsidenten des SV/DDR) nicht auf eine harte Auseinandersetzung mit Loest schließen lassen.
Von Loest erwarten sie ein geschicktes taktisches Verhalten. Sie haben lediglich Vorbehalte gegen Loest's »Eitelkeit«, die bei ihm immer wieder zum Durchbruch käme und ihm schaden könne.

05. 06. 1979   Heiduczek verständigt noch vor Beginn der Verbandsversammlung den Sekretär der Leipziger BL der SED, Gen. Keller, darüber, daß er einen

Brief an Seyppel geschrieben hat (siehe 22. 5. 1979) und Seyppel nunmehr Heiduczeks Einverständnis zu dessen öffentlicher Verwendung einhole. Seyppel wolle Heiduczeks Erklärung Erich Honecker zuleiten, woraus H. Komplikationen befürchtet.

05. 06. 1979 Nach der Verbandsversammlung teilt Loest telefonisch einer Reihe Bekannter mit, er habe einen »Sieg auf der ganzen Linie« errungen. Mit Inge Schröder (gesch. Ehefrau des Dr. Ralf Schröder) und Christel Foerster (die F. ist Kandidat des SV/DDR) feiert er zu Hause diesen »Erfolg«.
Auch am 6./7. 6. 1979 geht Loest (und seine Frau) in allen Äußerungen gegenüber Verbindungspersonen davon aus, daß er mit der Beteiligung an dem Protestbrief sein Ziel – eine »Sachdiskussion« im Schriftstellerverband zu bewirken – erreicht habe.

05. 06. 1979 Zwischen 9.00 bis 12.00 Uhr erkundigt sich der zu den Unterzeichnern des Protestbriefes gehörende Berliner Schriftsteller Klaus Poche telefonisch bei Frau Loest nach der Lage. Frau Loest behauptet, Kant's Darstellung sei in vielen Details unwahr. Poche vereinbart, sich nach der Leipziger Verbandsversammlung wieder zu melden.
Zwischen 20.45 bis 21.45 Uhr berichtet Loest dem Poche über den »glänzenden Ausgang« der Leipziger Verbandsversammlung und hebt besonders die vertrauensvolle Haltung von M.W. Schulz und Nowotny hervor.
Loest berichtet, daß es hauptsächlich um seine Distanzierung von den BRD-Meldungen ging, die er gern vorgenommen habe, da so etwas ja nicht vereinbart wurde. Aus Poches Bemerkungen sind bereits Unsicherheiten in diesem

Zusammenhang zu erkennen. Nach 21.45 Uhr ruft Poche nochmals bei Loest an und fragt ihn konkret, ob Loest nicht gewußt habe, daß zu »irgendeinem Zeitpunkt eine Meldung« gegeben werden sollte. Als Loest verneint, fragt Poche, ob ihm Schlesinger nichts davon gesagt habe, was Loest verneint. Loest begreift jetzt erst, daß tatsächlich eine solche Meldung erfolgte, von der er nichts wußte, und zeigt sich sichtlich erschrokken. Beide vereinbaren, daß Loest bei seiner Darstellung bleibt, um den anderen nicht in den Rücken zu fallen.

05.06.1979 Loest informiert in der Nacht nach der Leipziger Verbandsversammlung Rainer Haarmann telefonisch vom Verlauf und erklärt nochmals – obwohl bereits von Poche unterrichtet – daß er mit seiner Erklärung, »sie alle« wollten die Meldung in den BRD-Medien nicht, die Versammlungsteilnehmer zufriedengestellt habe. Haarmann findet das Ergebnis »wunderbar«.

06.06.1979 Dr. Corino, Karl (Hess. Rundfunk) erkundigt sich telefonisch bei Loest, wie es ihm gehe, da er gerade den Vorstandsbeschluß im ND vom 31.5.1979 lese. Beide, C. und L., sind der Meinung, daß Kant's Darstellungen unrichtig seien. Corino befürchtet ernste Konsequenzen für Loest, was dieser aber verneint. In Berlin sehe es zwar anders aus, aber er habe Ruhe.
Da eine Sendung Corino's an Loest (vermutlich das Buch von Max von der Grün) noch nicht bei Loest angekommen ist, schlägt Loest vor, Corino solle dies nach WB an Frau Böckel schicken, von dort »findet es seinen Weg sehr bald« zu Loest.

06.06.1979 Dr. Ralf Schröder teilt Frau Loest seine Freude über den Verlauf der Leipziger Verbandsversammlung mit. Schröder erwähnt, daß 1956 Höpcke von den Slawisten und Romanisten eine Erklärung gegen Janka und Harich verlangt habe, und dies sei so ähnlich ausgegangen, wie jetzt bei Loest.

7./8.06.1979   In der Nacht vom 7. zum 8.6.1979 ruft Loest den Plenzdorf an, um sich nach dem Verlauf der Berliner Verbandsversammlung zu erkundigen, da er Poche und Schlesinger nicht erreichen kann. Plenzdorf teilt ihm das Ergebnis mit und stellt fest, daß Loest als einziger »nicht rausgeflogen« ist.

Später kommt es zu einem Telefongespräch zwischen Poche und Loest, in dessen Verlauf Poche ihm berichtet, daß sie in der Versammlung erklärt haben, am 22.5.1979 eine Meldung an die BRD-Medien gegeben zu haben. Weiter informiert Poche über einige Aspekte der Diskussion und der Abstimmung. Loest verteidigt sein Vorgehen und meint, er hatte die Hoffnung, daß auch die Berliner sich »raustricksen« könnten, was von Poche verneint wird, der auch befürchtet, daß es für Loest noch Konsequenzen geben könne. Poche bringt zum Ausdruck, daß sich die Berliner Unterzeichner unsicher sind, wie sie Loest gegenüber auftreten sollen.

07.06.1979   Loest verfaßt entsprechend der Festlegung der Verbandsversammlung vom 5.6.1979 eine Erklärung »Etwas Debatte im eigenen Haus«, die jedoch keinerlei Distanzierung vom Protestbrief, sondern Angriffe gegen Hermann Kant enthielt, und übergibt Exemplare davon an die LVZ und den SV/DDR.

Aus Hinweisen ab 8.6.1979 geht hervor, daß Loest diese Erklärung in seinem Kontaktkreis verbreitet.

| 08.06.1979 | Aus einer Reihe von Gesprächen des Loest und seiner Sympathisanten seit dem 8.6.1979 geht hervor, daß sie befürchten, das Ergebnis der Leipziger Versammlung werde vom Präsidium nicht bestätigt und der Leipziger Verband zu konsequenteren Vorgehen gegen Loest aufgefordert. Gleichzeitig sind sie der Auffassung, daß die Situation im Leipziger Verband und der Verlauf der Versammlung vom 5.6.1979 keine Mehrheit für einen Ausschluß Loest's aus dem SV/DDR bringen werde, es sei denn, daß von Berlin administrativ entschieden werde. |

Loest selbst äußert mehrfach, wenn es ihm gegenüber zu neuen Auseinandersetzungen käme, werde er entsprechende Konsequenzen ziehen. Worin diese bestehen, ist zur Zeit nicht erkennbar.

Aus einer Bemerkung der Frau Loest geht hervor, daß L. sich dann den BRD-Meldungen anschließen werde und »sein Buch« anbieten werde. (Evt. ist damit das operativ bekanntgewordene Manuskript über den 17.6.1953 bis zur Inhaftierung gemeint.)

| 09.06.1979 | Christa Wolf verständigt sich mit Reiner Tetzner über die Ergebnisse der Verbandsversammlungen in Leipzig und Berlin. Chr. Wolf berichtet, daß sie nicht für den Ausschluß der Berliner Autoren gestimmt habe, obwohl sie die Meldung an die BRD-Medien nicht gutheiße. Aber im Vergleich zu »ihrer Sache damals« (vermtl. Biermann-Protestschreiben) sei ein Ausschluß jetzt nicht gerechtfertigt. |

| 11.06.1979 | Der Vorsitzende des Leipziger Bezirksverbandes, Pfeiffer, spekuliert in einem Gespräch mit Helmut Richter, daß die Absage Ursula Ragwitz' (ZK) für den 12.6.1979 zur Beratung in Leipzig |

mit »Komplikationen in Berlin« zusammenhänge und »wir in Leipzig wohl richtig entschieden
haben«.

Tonbandabschrift

Von der Vorstandssitzung erscheint mir nur eins mitteilenswert: In der Diskussion hat unter anderem Novotny gesprochen, der gehört dem Leipziger Verband an, und er hat sich ziemlich umständlich darüber verbreitet, daß er seinerzeit beim Wiedereintritt Loest's in den Schriftstellerverband für ihn gebürgt habe und hatte sich auch in der Formulierung ein bißchen verstiegen, Loest habe ja immerhin 6 oder 7 Jahre in Bautzen gesessen und da für seine Überzeugung eingestanden. Diese Bemerkung wurde dann aber von Neubert ziemlich klar zurückgewiesen, indem er sagte, er wolle nicht hier genau untersuchen, warum der Loest in Bautzen gesessen hätte, aber bloß so wie das Novotny darstelle – für Überzeugung eingestanden – also davon könne wohl doch gar keine Rede sein.

Weiterhin hat der Novotny gesagt – und das erscheint mir mitteilenswert – wenn es um den Ausschluß gehe dieser entsprechenden Gegner – und der Ausschluß hatte ja in vielen Diskussionsbeiträgen gewissermaßen als Forderung vorn angestanden – ohne daß der Vorstand sich auf den Ausschluß festgelegt hat. Jedenfalls sagte Novotny im Hinblick auf Loest, wenn es um den Ausschluß geht, bezweifle er, daß man im Leipziger Bezirksverband des Schriftstellerverbandes eine Mehrheit für den Ausschluß finden werde. Daraufhin sagte ihm Kant in einer kurzen Zwischenbemerkung, so eine Versammlung sei schließlich kein Zuckerlecken und wer die besseren Argumente habe, der werde sich auch durchsetzen und außerdem könnte die sogenannte Zentrale, wie man den Zentralen Vorstand manchmal nennt, dem Leipziger Bezirksverband ja auch Unterstützung geben.

Das hat offenbar den Novotny aber nicht überzeugt, denn nach der Versammlung stand ich mit ihm und einem Kollegen, wo ich beim besten Willen nicht mehr sagen kann, wer es gewesen ist, noch so eine Minute zusammen und da sagte

Novotny, also wir hätten da offenbar falsche Vorstellungen, welches Ansehen Loest im Leipziger Bezirksverband bei vielen Mitgliedern, vor allem jungen, genießt gerade deshalb, weil er diese Zeit in Bautzen gesessen habe und dann nicht nach dem Westen gegangen sei. Da warf ich ein, man könne das auch anders sehen, ich finde, daß Loest's Entwicklung im Grunde eigentlich sehr logisch verlaufen sei. Das ist nicht so, daß der damals, ich sagte noch man darf ihn nicht zum sogenannten Opfer des Stalinismus umfunktionieren, denn so waren die Dinge ja damals auch nicht gewesen 56, als er eingesperrt wurde und daß es offenbar eine Schwäche der Parteiorganisation war.

Information

des IMS »Hans Heiner«

Nach einer längeren Treffunterbrechung wurde mit dem IMS »Hans Heiner« am 3. 8. 1979 ein Grundsatztreff durchgeführt. An diesem Treff nahm der Referatsleiter XX/7 Gen. Major Tinneberg teil.

Ausgangspunkt für diesen Treff war die Tatsache, daß der Loest, Erich von sich aus den Kontakt zum IMS nach längerer Zeit wieder aufnahm.

Eingangs des Treffgespräches wurde dem IMS aufgezeigt, welche Problemkreise interessieren unser Organ bzw. wie ist der Kontakt zu Loest zu gestalten. Dazu wurde dem IM folgende Verhaltenslinie gegeben:

1. Kontakt auf familieärer Basis (die vorhanden ist) aufbauen.
2. In den Gesprächen mit L. muß der IM seine klare, parteiliche Position bewahren.
3. In den Gesprächen darf die Ehefrau des IM keine parteiinternen Probleme, die in Ausübung ihrer Tätigkeit ihr zur Person Loest bekannt werden, preisgeben. Der IM und dessen Ehefrau muß deutlich zum Ausdruck bringen daß sich die Ehefrau danach richten muß was ihr von ihrem Objekt vorgegeben wird.

Als Problemkreise interessieren:

1. Warum und mit welcher Zielstellung sucht Loest den Kontakt bzw. die Verbindung zum IM?
2. Umgangskreis, Verbindungskreis des Loest.
3. Wie sind die Eheverhältnisse einzuschätzen; Wie ist das Verhältnis des L. zu seinen Kindern
4. Wie reagierte bzw. reagiert Loest auf die Auseinandersetzungen im Verband bzw. wie schätzt er diese überhaupt ein.

5. Was wird über das Zusammenwirken des L. mit BRD Verlagen und NSA Journalisten bekannt.
6. Welche Möglichkeiten bestehen damit der IM in den zeitweiligen Besitz der Dokumentation des L. kommt. (privater Schriftverkehr des L. usw)

Ausgehend von dieser Fragestellung berichtete der IM dazu: Am 1.8.79 in den Abendstunden wurde der IM von L. telefonisch Angerufen. L. forderte ihn auf einen Besuch in seiner neuen Wohnung abzustatten. Dazu nannte der L. seine Adresse und übergab seine neue Rufnummer.

Am 2.8.79 erfolgte in den Abendstunden ein erneuter Anruf in dem L. mitteilte das er für ca 1 Stunde den IM besuchen wird da sie gerade einen Spaziergang unternehmen wollen.

Bei seinem Besuch am 2.8.79 beim IM erneuerte L. nochmals seine Einladung zum Besuch in seiner Wohnung. Der IM vertröstete den L. auf den 6. oder 7.8.79. An anderen Tagen der kommenden Woche geht es dann nicht mehr da seine Ehefrau Nachtdienst hat und der IM sich um sein Kleinkind kümmern muß. Entgültig legte sich der IM für einen Besuch noch nicht fest.

Zu der Kontaktaufnahme des L. zum IM schätzt »Hans Heiner« folgendes ein. In der Vergangenheit fühlte sich L. etwas isoliert. Dies stand im Zusammenhang mit den gesamten stattgefundenen Auseinandersetzungen über seine Person. Der Nichtausschluß aus dem Verband gab ihm etwas Ruhe wider und er versucht nun wieder mit anderen Personen zu sprechen. Der IM ist der Meinung das L. alte Freunde sucht mit denen er sich austauschen kann, d. h. wo er Streitgespräche führen kann und die nicht ohne Kommentar die Meinung von ihm teilen.

Zur Zeit ist L. viel im Bereich der Wismut unterwegs. Der IM hat den Eindruck das L. Material über die Wismut sammelt um danach mit einem neuen Buch anzufangen.

Sehr guten Kontakt unterhält der L. zu dem S c h r ö d e r .

Zu den weiteren angeführten Problemkreisen die uns interessieren, betonte der IM, daß diese vermutlich erst nach einem längeren Kontakt zu L. geklärt werden können. Er schätzt ein, daß L. nicht sofort sich dem IM gegenüber voll offenbart. Das

Gespräch am 2. 8. 79 dauerte nicht länger als 1 Stunde. Es ging dabei vorrangig um familieäre Probleme. Als der L. über die weiteren Vorhaben der Ehefrau des IM sich erkundigte und diese erklärte das sie Anfang September nach Moskau zur Buchmesse reist, erwiderte L. »Ich fahre zur Buchmesse nach Frankfurt/Main« Diesen Ausspruch ließ er ohne weitere Kommentierung im Raum stehen.

Es wurde nicht bekannt ob Loest für diese Buchmesse bereits eine Einladung hat oder eine Einladung erwartet.

Mit dem IM wurde vereinbart, das er sich sofort nach dem Besuch bei Loest meldet und eine Berichterstattung durchführt. Vom ersten Besuch hängen alle weiteren Schritte und Maßnahmen ab.

Zum jetzigen Zeitpunkt erachtet es der IM als noch nicht erforderlich die Arbeitsstelle seiner Ehefrau über die Verbindung zu L. zu informieren. Er selbst hatte diesen Kontakt seinem Parteisekretär gemeldet, der dies ohne jeglichen Kommentar zur Kenntnis nahm. Weitere Informationspflichten sind dem IM nicht auferlegt.

Maßnahmen: Auswertung im OV »Autor II«

Heinig
Oltn.

Zusammenkunft mit Erich Loest in seiner Wohnung in
705 Leipzig, Schönbachstr. 34, am 7. 8. 79

a) L. erklärte, daß er von der Veröffentlichung des Briefes in westlichen Medien nichts gewußt habe. Er sei auch der Meinung, daß die Probleme zuerst hier bei uns ausdiskutiert werden müßten. Uns gegenüber äußerte er, daß er diese Stellung auch bei den Auseinandersetzungen im Schriftstellerverband bezogen habe. Er verstehe es allerdings nicht, daß die Auseinandersetzungen um ihn weitergeführt werden, obwohl er eine wahrheitsgemäße Erklärung abgegeben habe.

b) Fragen und Stellungnahmen von uns forderte er nicht heraus. Dazu ist zu bemerken, daß es seit langem die erste Begegnung war und er ganz deutlich erkennbar auch erst unsere Haltung abschätzen wollte.

c) Versuche der ideologischen Korrumpierung gab es nicht, sieht man von der Tatsache ab, daß er die Möglichkeit andeutete, das Buch »Collin« von Heym bei bestehendem Interesse zur Lektüre beschaffen zu können.

d) zu Funktionären auf kulturpolitischem Gebiet im Bezirk wurde nicht gesprochen

e) nein

f) keine Differenzen erkennbar. Annelies L. ist weiterhin wie in der Vergangenheit »die Frau ihres Mannes«.

g) Verbindungen bestehen zu den Mitgliedern der Familie Schröder trotz der Scheidung der Schröders, zu Liane Wenzel. In politischen Fragen stützt sich nach eigenen Angaben L. auch auf J. Novotny, der im Schriftstellerverband eine für ihn günstige Haltung eingenommen habe.

h) Es wurde ohne feste Terminvereinbarung die Absprache getroffen, die vor Jahren unterbrochenen Kontakte wieder zu festigen. Der Vorschlag ging von L. mit der Begründung aus, daß »wir die einzigen ›Alten‹ aus der Zeit von 1948/50 seien, die noch in Leipzig sind. Nach der Leipziger Herbstmesse ist der nächste telefonische Kontakt vorgesehen, der in einem Gespräch bzw. in einer Zusammenkunft münden soll. Es ist auch daran gedacht, wie früher gemeinsam zu Fußballspielen zu gehen.

Eindrücke (subjektiv): L. sucht Kontakt zu einer Person, die mit ihm Probleme diskutiert. Er ist verunsichert und geht offensichtlich nur gegenüber alten Bekannten aus sich heraus, die er zuvor auf ihre subjektive Ehrlichkeit überprüft haben will. Wir haben aus unseren Haltungen (Unverständnis über Westveröffentlichungen einschließlich Übersichten und Anthologien) kein Hehl gemacht und hatten den Eindruck, L. nimmt diese Widersprachen auch ernst und beginnt darüber nachzudenken.

Der Spaziergang war ein Vorschlag von mir, um allein und unter vier Augen mit ihm zu sprechen und evtl. offenere Äußerungen zu erhalten.

a) L. bezog sich auf die Auseinandersetzungen im Verband und fürchtet einen neuen Beginn der Auseinandersetzungen, die im äußersten Fall zum erneuten Verbandsausschluß führen könnten. Er erklärte, dann wisse er nicht, was er tun solle. Das habe nichts mit finanziellen Fragen zu tun, sondern mit den Möglichkeiten, zu veröffentlichen. Die Tatsache, daß er nicht mehr im Mitteldeutschen Verlag und im Verlag Neues Leben publizieren könne (Begründung von Neues Leben: Wer an der Seite der westlichen Medien stehe, könne nicht in einem Verlag gedruckt werden, der junge Kommunisten erzieht) bedeute für ihn einen schweren Schlag.

b) Wie steht es mit den Finanzen, bzw. einem Verfahren ähnlich Heym und Havemann?
L. dazu: Ein solches Verfahren sei jederzeit auch gegen ihn möglich und damit wäre er ein Krimineller, zudem vorbestraft. Das liege aber auch daran, daß er schriftlich vor der Manuskriptvergabe an BRD-Verlage beim Kulturministerium angefragt habe, nie aber eine Antwort bekommen hätte.

Der Spaziergang dauerte maximal 30 Minuten und endete damit, daß wir uns doch öfter sehen müßten und miteinander sprechen sollten.
Ich habe den Eindruck, daß L. Vertrauen faßt und bereit ist, mehr aus sich herauszugehen.

Hans Heiner

Information

Am 6. 9. 79 fand mit dem IM »Hans Heiner« ein Treff in seiner Wohnung statt. Während des Treffs übergab der IM einen schriftlichen Bericht zum OV »Autor II«. Darüber hinaus gab der IM noch folgende mündlichen Hinweise:

Zum Umgangskreis des L. gehört Mattheuer. Zwischen beiden besteht ein herzliches, freundschaftliches Verhältnis.

L. fühlt sich in seiner neuen Wohnung sehr wohl. Besucher empfängt er im Wohnzimmer. Die Wohnung ist wie folgt aufgeteilt. 1 Arbeitszimmer für L. 1 Zimmer für seine Frau, 1 Schlafzimmer für L, ein gemeinsames Wohnzimmer. Die Familienverhältnisse sind nach den ersten Eindrücken geordnet. Zu seinen Kinder hat L. ein gutes Verhältnis. Die Tochter wohnt in der Oststraße. Sein Sohn, welcher Mathe studiert hat, ist verheiratet und wohnt auch nicht mehr bei seinen Eltern.

Aus den Gesprächen mit L. konnte der IM entnehmen, daß er sich in schriftstellerischer Hinsicht mit hauptsächlich zwei Problemkreisen beschäftigt. Das erste ist die »Wismutproblematik« und das zweite sind Leipziger Probleme (Rabet/Ludwigstraße usw.)

In jüngster Vergangenheit beschäftigt sich L. auch mit einem autobiografischen Roman d. h. dies wird er vermutlich in Angriff nehmen wenn er aus dem Verband ausgeschlossen werden sollte. Als Ausgangspunkt für einen solchen Roman nutzt er die »Geschichte« eines Strafgefangenen der in Bautzen einsitzt.

Weitere Hinweise konnte der IM nach den ersten beiden Gesprächen mit L. nicht erarbeiten.

Heinig
Oltn.

Bericht

Am 8. 8. 79 meldete sich der IM »Hans Heiner« telefonisch und teilte mit, daß am 7. 8. 79 der vereinbarte Besuch bei Loest stattgefunden hat. Es sei ein »schwerer Abend« – i. S. von großem Alkoholkonsum – gewesen. Er – der IM – sei nun wieder ausgenüchtert und wolle einen Trefftermin vereinbaren. Da mit Loest noch ein gemeinsamer Spaziergang vorgesehen ist (9./10. 8. 79), wurde der Treff für den 14. 8. 79 abends in der Wohnung vereinbart, wo auch die Ehefrau des IM (ebenfalls als IM verpflichtet – »Richard Moritz«) anwesend sein werde und über den Besuch bei Loest berichten kann. Der Treff fand dann am 14. 9. 79 von 19.30–21.00 Uhr in der Wohnung des IM statt und verlief ohne Störung durch andere Personen (außer dem Kleinkind des IM und seiner Ehefrau wurden keine weiteren Personen festgestellt).

Zu Beginn des Gespräches im Arbeitszimmer des IM war dieser allein, die Tür zum Wohnzimmer, in dem sich seine Frau und das Kind befanden, war angelehnt.

Der IM begann leise über den Besuch bei Loest zu berichten, wobei er den gewohnten Duktus seiner Erzählform wählte. Nach wenigen Minuten kam die Ehefrau des IM hinzu. Seit diesem Zeitpunkt wirkte der IM auffällig gehemmt. Jeder Satz, z.T. einzelne Worte, wurden von ihm zögernd geäußert, begleitet von einem ständig fragenden Blick zu seiner Ehefrau und gelegentlichen Bestätigungsersuchen. Sie selbst äußerte sich kaum über das Gespräch mit Loest. Es entstand der Eindruck, daß sie die Berichterstattung des IM »überwachte« und eine vmtl. von ihr geforderte Darstellungsweise durchsetzte.

Deshalb wurde im weiteren Gespräch mit dem IM und seiner Ehefrau das Thema Loest beendet und über allgemeine kulturpolitische Probleme gesprochen. Dabei äußerte die Ehefrau heftige Angriffe gegen die Informationspolitik generell und vor allem zu der Frage, daß sie als Genossin kulturpolitische Entscheidungen akzeptieren und vertreten müsse, die sie nicht verstehe, nicht gut heißen könne und deren Hintergründe sie nicht erfahre.

Bei der Verabschiedung vom IM war aus seinem Verhalten zu entnehmen, daß ihm der Treffverlauf unangenehm war. Er bat um einen neuen Termin, um nochmals über Loest berichten zu können. Zur Vorbereitung dieser Berichterstattung erhielt der IM schriftliche Fragenkomplexe, zu denen er entsprechende Berichte fertigte (s. Anhang). Diese schriftliche Berichterstattung ging jedoch ebenfalls nicht über die beim o. a. Treff gegebenen, unvollständigen Informationen hinaus.

Durch die Kontrolle des Gespräches zwischen dem IM und seiner Ehefrau mit dem Ehepaar Loest durch einen IM der Abt. 26/B ist der tatsächliche Inhalt bekannt. Aus dem vorliegenden Bericht gehen folgende operativ-relevante Fakten hervor:

- Entgegen der Behauptung des IM über hohen Alkoholkonsum waren keine Anzeichen darauf festzustellen.
- Der IM versuchte während dieses Gespräches kaum, die ihm in der Instruierung vorgegebenen Informations-Komplexe anzuschneiden. Er verwies mehrfach auf seinen Vorschlag, mit Loest einen Spaziergang und ein Gespräch unter 4 Augen durchzuführen.
- Entgegen der gegebenen Verhaltenslinie, sich zunächst kritisch gegenüber Loest zu geben, widersprach der IM in keiner Weise Loest's Darlegungen. Er informierte Loest darüber, daß sein Ausschluß aus dem SV/DDR feststehe, obwohl sich Loest zu diesem Zeitpunkt noch nicht darüber im klaren war.
- Entgegen der eindeutigen Orientierung, daß der familiäre Kontakt des IM zu Loest nicht zu einem Mißbrauch der Informationsmöglichkeiten der Ehefrau des IM durch Loest führen dürfe, bot diese dem L. die Beschaffung interner Informationen an. Besonders bedeutsam sind die Darlegungen der Ehefrau des IM über angebliche Widersprüche zwischen dem 1. Sekretär der BL Leipzig, Gen. Horst Schumann, und dem Generalsekretär der SED, Gen. Honecker,

bzw. generellen kulturpolitischen Spannungen zwischen Berlin und Leipzig.

Diese Informationen wurden von Loest am 10.8.79 an den Mitarbeiter der Ständigen Vertretung der BRD in der DDR, Dr. Georg Giradet, in einem Gespräch in Loest's Wohnung übermittelt, von Giradet mit hoher Wahrscheinlichkeit an den BRD-Journalisten Hendrik Bussiek weitergeleitet und von Bussiek in der Sendung »Kultur heute« des DLF zur Hetze gegen die Kulturpolitik der DDR genutzt.

– Trotz der ausdrücklichen Frage an den IM, ob Loest ihn ideologisch kompromittieren oder testen wollte, verneinte dieser und berichtete nicht über den gezielten Test Loest's in Bezug auf das Angebot, dem IM das Buch von Bahro zu borgen.

Beim Treff am 7.9.79 verwies der IM auf weitere Kontaktmöglichkeiten zu Loest, die er zur künftigen Aufklärung nutzen könne. Bis jetzt erfolgte vom IM jedoch keinerlei Meldung über erneute Zusammenkünfte.

Schlußfolgerungen:

Es muß eingeschätzt werden, daß der IM nicht mehr ehrlich gegenüber dem MfS ist.

Inwieweit seine Meldung über die Kontaktaufnahme durch Loest und die von ihm gewünschte Orientierung durch das MfS ursprünglich tatsächlich von der Absicht der Aufklärung für uns motiviert war und erst unter dem Einfluß seiner Ehefrau das Verhalten unehrlich wurde oder die Abstimmung mit uns als »Rückversicherung« bzw. zum Erkennen unseres Informationsbedarfes diente, kann noch nicht eindeutig bestimmt werden.

Erkennbar ist unzweifelhaft die negative Haltung seiner Ehefrau.

Maßnahmevorschlag:

1. Ablage beider IM und Aufnahme ihrer operativen Bearbeitung in OPK, um
   – die tatsächliche politische Einstellung zu erarbeiten und

daraus notwendige Schlußfolgerungen hinsichtlich bestehender Unsicherheitsfaktoren in ihrer politischen Tätigkeit in Parteiorganen festzulegen;
- den Verdacht eines offenen Verrates zu überprüfen.

2. Weiterführung eines Scheinkontaktes zu beiden IM und Festlegung der Verhaltenslinie.

3. Abhängig von Entscheidungen über mögliche offensive Zersetzungsmaßnahmen gegen Loest (L. als Informanten des MfS darzustellen oder ihn als »unvorsichtigen Schwätzer« zu diskreditieren) ist zu prüfen, ob die IM »R. Moritz« in einer Befragung mit der DLF-Sendung und ihrer Rolle als Urheberin der Information konfrontiert werden kann.

Tinneberg
Major

Information

OV »Autor II«

Durch einen IM der Abt. 26/B wurde bekannt, daß für den 7. oder 8.9.79 in der Wohnung des

> Dr. Ebersbach, Volker
> Mitglied des SV/DDR
> erf. wegen op.-rel. Verbindung zu Loest, Erich

eine Zusammenkunft mehrerer feindlich-negativer Schriftsteller geplant ist. Als Teilnehmer sind neben Ebersbach vorgesehen:

- Loest, Erich und Frau (OV »Autor II«)
- Mucker, Dieter (OV der BV Halle, Abt. XX)
- Pech, Christian (OV der BV Cottbus, Abt. XX)

sowie weitere, noch nicht identifizierte Personen. Aus der vorliegenden Information ist zu schlußfolgern, daß es bei Treffen erneut um eine Beratung darüber geht, wie die genannten negativen Autoren und ihre Verbindungen Einfluß auf die Verbandsarbeit und die Zusammensetzung des Vorstandes in den Bezirksverbänden zur Durchsetzung ihrer Positionen nehmen können. Außerdem werden Erörterungen über die Anwendung der neuen rechtlichen Bestimmungen gegen feindlich-negative Schriftsteller und andere kulturpolitische Probleme den Gegenstand der Beratung bilden; u. a. die erwarteten Auseinandersetzungen mit Erich Loest.

Maßnahmen:

1. Weiterer Einsatz der IM der Abt. 26/A und B zur Präzisierung des Zeitpunktes und Personenkreises

Zschuckelt erteilte Hector den Auftrag, bis zum 25.9.1979 einen Problemspiegel mit zu erwartenden Gegenargumentationen zu erarbeiten.

In der Zeit vom 13.9. bis 23.9.1979 erhielten die Leipziger Schriftsteller Prof. Max-Walter Schulz, Pfeiffer und Nowotny vom Präsidium des SV/DDR den Auftrag, ein Gespräch mit Loest zu führen. Die Zielstellung des Gespräches besteht in der Erarbeitung einer Meinung zur gegenwärtigen politisch-ideologischen Haltung des Loest.

Nach Ansicht des IM bestehen in Vorbereitung der Auseinandersetzung noch einige Schwierigkeiten, wie z. B. die nicht-einschätzbare Entscheidung von rund 15 Leipziger Autoren und die bis zum 25.9.1979 geheimzuhaltenden Maßnahmen zu L.

Weiterhin schätzt der IM ein, daß Pfeiffer als auch Brinkmann für die Art der Auseinandersetzung mit L. sind und sich entsprechend der Zielstellung mit allen Kräften dafür einsetzen werden, da nach ihrer Meinung die Auseinandersetzung schon lange notwendig war.

Über weitere Maßnahmen zur Vorbereitung der Auseinandersetzung wie das noch ausstehende Gespräch von Brinkmann mit Schmoll, Werner wird der IM noch berichten.

Claus
Oberleutnant

Abteilung XX

Leipzig, 17. Oktober 1979
7/str-ehr/2489   5004/79

Kreisdienststelle
Leipzig-Stadt

BKH für Psychiatrie Leipzig-Dösen

Die Ärztin des BKH für Psychiatrie, Lind, und ihr Ehemann
unterhalten persönliche Kontakte zu dem in einem OV bearbei-
teten feindlich-negativen Schriftsteller Loest, Erich.

Bei einem Gespräch am 4. 10. 79 sprach sich die Lind negativ
zur Kulturpolitik der DDR aus und erklärte sich solidarisch mit
Loest und dessen Einstellung zur Kulturpolitik.

Wir bitten um Kenntnisnahme.
Offiziell kann diese Information nicht ausgewertet werden.

Leiter der Abteilung
Wallner
Oberstleutnant

Informationsbericht vom 28. 1./21.10–21.55/   »SCHREIBER«

WERNER H e i d u c z e k informiert ERICH L o e s t über den
Verlauf der Vorstandssitzung.

W. führt an, es ist das Gespräch zwischen ihm und PFEIF-
FER sowie MAX WALTER zur Sprache gekommen und
danach ist es zu einer Abstimmung gekommen.

Beide haben gesagt, Erich hätte beiden erklärt, daß er noch
vor der Wahl seinen Austritt einreichen will.

Mündlich hat er es erklärt und er wollte es noch schriftlich
bis da und dahin tun. Das hat er aber nun nicht getan und
HANS hat die Meinung vertreten, daß im Grunde genommen
sein Austrittsgesuch angenommen ist – auch vom Präsidenten,
wie es mitgeteilt wurde.

Werner hat darauf gesagt, er kann sich nicht vorstellen, daß
ein Präsident von sich aus ein Austrittsgesuch annehmen kann
bzw. beschließen, denn die Mitglieder müßten doch befragt
werden.

Es ist dann zu einem Kompromißvorschlag gekommen, der
von MAX WALTER eingereicht worden ist und darüber wurde
abgestimmt. Sie sind dabei überstimmt worden. Es haben drei
dagegen gestimmt – GÜNTER PREUSS, PETER GOSSE,
WERNER und Gerti Tetzner war nicht da, denn die hat es wieder mit den Augen. Sie wußten ja auch gar nicht, was da los ist
und sie sind völlig überfahren worden.

Auch wenn Gerti dagewesen wäre, wären sie überstimmt
worden. Er möchte ihm das nur alles sagen, damit er in Ruhe
alles überlegen kann, was für ihn am günstigsten ist. Es wird
morgen auf der Mitgliederversammlung mitgeteilt werden,
daß der Vorstand diesen Beschluß gefaßt hat. Ob sie das Ab-
stimmungsverhältnis bekannt geben, ist ja uninteressant, doch
auf alle Fälle sind sie überstimmt worden.

Erich wird bis zum 15. Februar ein Termin gegeben, wo er sich endgültig entscheiden muß, ob er von sich aus bereit ist auszutreten sonst wird ein Ausschlußverfahren eingeleitet. Bei diesem Verfahren kriegen sie die Mehrheit sowieso, doch die Frage ist, ob er diese Zuspitzung bis dahin schiebt, denn damit kann er eventuell so viel Groll bei bestimmten Leuten wecken, die gar nicht in Leipzig sitzen. Das ist die Frage und deshalb informiert er ihn.

Morgen wird HÖPCKE kommen und es ist eben ein ganz großer Bahnhof da.

Werner weiß nun nicht, was für Erich günstiger ist. Der Ausschluß wird mit Stimmenmehrheit, wenn es zu einem Verfahren kommt, durchgesetzt. Das ziehen sie durch. Die sagen eben, der Loest hat ihnen gesagt, daß er austreten will und wenn er das gesagt hat, so muß er auch zu seinem Wort stehen, sonst verliert er irgendwie an Würde und deshalb ruft er ihn an, damit er sich das überlegt.

Erich äußert, er hat gesagt, daß er austreten wird.

Werner wirft ein, da würde er zu seinem Wort stehen.

Er wird auch austreten, bemerkt Erich wieder.

Werner würde es an seiner Stelle vor der morgigen Versammlung machen, denn sonst verliert er an Würde. Wenn die eben sagen, er hat seinen Austritt erklärt und sie geben ihm einen Termin und er tritt wieder nicht aus, da könnte es sich nicht auf seine Haltung günstig auswirken. Werner weiß es nicht genau, doch er gibt es ihm zubedenken.

Erich will es auch machen, doch er wollte es nur mit der Ausreise koppeln.

Das wird er aber nicht durchbekommen, denn wenn die das Gefühl haben, daß er sie erpressen will, da werden die böse und bösartig. Diesen Eindruck hat Werner. Dieser Punkt ist auch im Augenblick gegeben. Erich soll sich das alles überlegen und sie sind heute bereits überstimmt worden. Das Stimmenverhältnis war 6:3, meint Werner.

Es ist wohl besser, er geht morgen früh noch hin, bemerkt Erich.

Wenn er es denen so defensiv erklärt hat, da muß er irgendwo sein Gesicht wahren.

Erich äußert, er hat denen gesagt, daß er austreten wird. Er hat gesagt, daß er dann morgen oder übermorgen ins Büro kommt.

Auf diese Äußerung berufen sie sich, wirft Werner ein. Werner weiß nicht, was jetzt richtig ist, doch wenn er sich in dieser Weise festgelegt hat, so muß er es machen. Die haben nämlich den Eindruck, daß er eine Provokation will, er will wohl rausgeworfen werden, damit er einen besseren Abgang hat, doch da werden sie böse.

Morgen geben sie eben bekannt, daß er einen Termin bis zum 15. Februar hat.

Werner bittet ihn nur, daß er keinem von dem Gespräch Mitteilung macht. Man würde ihm dann sagen, daß er sofort Beschlüsse aus dem Vorstand trägt. Er hat heute seinen letzten Akt dort gegeben. Zur Gerti und so könnte er es ja sagen, aber andere sollten es nicht wissen. Man würde dann sagen, daß er nur vom Werner kommen kann.

Im Rechenschaftsbericht von PFEIFFER wird das mitgeteilt werden, doch was es für Diskussionen dazu gibt, weiß er nicht.

Wenn er morgen kommen sollte, so weiß Werner nicht, was für Konsequenzen entstehen, wenn sie ihm mitteilen, daß seine Mitgliedschaft ruht und inwieweit er juristisch in die Situation kommt – wenn eine Abstimmung kommt – daß er dort aus dem Saal gehen muß, also ein Scheißdreck. PETER und auch er haben gesagt, sie glauben kaum, daß Erich kommen wird. Er sagt ihm eben alles was war, damit er entscheiden kann und wie die Stimmung ist.

Der Präsident hat wohl seinen Austritt schon angenommen, fragt Erich.

Werner bejaht es doch Max Walter hat dann mit in sein Horn geblasen und gesagt, daß der Präsident das nicht kann, denn das Präsidium tagt erst am 1. Februar. Dann kann erst das Präsidium den Austritt bestätigen und zur Kenntnis nehmen. Der Präsident kann das nicht von sich aus tun. Max Walter stellte sich dann auf die Seite vom Werner und brachte zum Ausdruck, daß er keine Lust hat, formal ins Messer zu laufen, also rein statutenmäßig. Also wenn er nicht bis zum 15. Februar seinen Austritt erklärt hat, dann wird ein Ausschlußverfahren eröffnet. Der nächste Vorstand wird noch schwächer sein, führt Werner an. Die große Frage ist eben, was tun.

Informationsbedarf für IM »Unterberger« betr. Loest, Erich

Inoffiziell wurde 1980 eine bestehende postalische Verbindung zwischen dem Leipziger Schriftsteller Erich Loest und Erhard Göhl in Darmstadt festgestellt.

Soweit bekannt ist, lernten sich beide während ihrer Haft in der StVE Bautzen kennen.

Bisher tauchte Göhl in der seit 1965 erfolgten operativen Bearbeitung des Loest (seit Haftentlassung) noch nie als Verbindung auf. Es muß aber bereits Korrespondenz zwischen beiden geben, die evtl. über Deckadressen von Loest oder Kurierweg (bevorrechtete Personen) läuft.

Fragen:

1. Wird Loest von Göhl in dessen Feindtätigkeit einbezogen, in welcher Form?
2. Welche Charakterisierung seines Kontaktes zu Loest gibt Göhl selbst?
3. Gibt es von Göhl Kontakte zu folgenden operativ-relevanten BRD-Verbindungen des Loest:
   Zwerenz, Gerhard – DDR-feindlicher Schriftsteller
   Dr. Corino, Karl   – Hessischer Rundfunk
   Prof. Mohr   – Universität Osnabrück
                       Forschungsbeirat im Bundes-
                       ministerium für Innerdeutsche
   Verlag Hoffmann   Beziehungen
   und Campe   – Hamburg
4. Hinweise auf Verbindungssystem des Göhl zu Loest.

63

Anhaltspunkte für den IM:

1. In der BRD erschien 1978 und 79 Loest's Roman »Es geht seinen Gang« – spielt in Leipzig (»Beat-Krieg« 1965); kaufen und als »Heimaterinnerung« ins Gespräch bringen.
2. In einer »Spiegel«-Ausgabe Ende Januar/Anfang Februar 1980 erschien 7-seitiger Artikel über Loest – evtl. als Gesprächsanlaß nehmen.
3. Loest hat Antrag auf Ausreise aus der DDR gestellt; darüber erfolgten und erfolgen Meldungen in BRD-Medien. Bei erfolgter Ausreise will sich Loest mit Göhl treffen.

Tinneberg
Major

MINISTERRAT
DER DEUTSCHEN DEMOKRATISCHEN REPUBLIK

Ministerium für Staatssicherheit   Berlin, den 20. 2. 1980
Hauptabteilung VII   5-sa-wi
Stellvertreter des Leiters   Tgb.-Nr. B/A/261/80

Bezirksverwaltung
für Staatssicherheit
Abteilung XX
Leiter
Oberstleutnant Wallner
über Stellvertreter Operativ
Oberst Göricke

Leipzig

Festgestellte Verbindung des Schriftstellers LOEST, Erich
zu dem führenden Funktionär der Feindorganisation
»Gesellschaft für Menschenrechte« – GÖHL, Erhard

Als Anlagen übersende ich Ihnen eine Information sowie eine
Briefkopie zu dieser Verbindung, die uns durch eingeleitete
Fahndungsmaßnahmen bei der Abteilung M bekannt wurde,
zur Kenntnisnahme und weiteren operativen Verwendung.
   Da GÖHL durch die Abteilung 5 der HA VII operativ bearbeitet wird, interessieren im Zusammenhang mit dieser festge-
stellten Verbindung folgende Fragestellungen:
– Was ist Ihnen über diese Verbindung bekannt, insbesondere
   den Inhalt und Charakter; gibt es konkrete Hinweise auf
   einen subversiven Anstrich?
– Gibt es bei Ihnen Originale bzw. Kopien von weiteren Brief-
   verbindungen, wenn ja, bitte ich um Übersendung dersel-
   ben zur Auswertung;

- Ist in absehbarer Zeit eine Reise des LOEST nach der BRD und Westberlin vorgesehen, wenn ja, wann, wohin;
- Ist Loest bisher im Zusammenhang mit der »GfM«, anderen Feindorganisationen sowie DDR-Bürgern, die rechtswidrige Ersuchen auf Übersiedlung gestellt haben, in Erscheinung getreten?
- Gibt es weitere operativ-bedeutsame Hinweise im Zusammenhang mit dieser Verbindung?

Aufgrund der Bedeutung dieser Verbindung bitte ich, daß sich ein verantwortlicher Mitarbeiter Ihrer Diensteinheit zur Absprache und Koordinierung von Kontroll- und Bearbeitungsmaßnahmen mit der Abteilung 5 der HA VII, Major Dorday, in Verbindung setzt.

Oberst

Information

über ein Gespräch des stellv. Ministers für Kultur,
Gen. Höpcke, mit dem Leipziger Schriftsteller Erich LOEST
am 22. 2. 1980

Ausgangspunkt des Gespräches war das Schreiben von Erich Loest vom 10. 1. 1980 an den Gen. Höpcke, in welchem Loest mit einer Aufzählung von Beispielen über die angeblich ungenügende Bereitschaft der Verlage der DDR zur Zusammenarbeit mit ihm seinen am 23. 11. 1979 gestellten Antrag auf ein längerfristiges Ausreisevisum erneut zu begründen versuchte.

Entsprechend der durch die Partei festgelegten Linie widerlegte Gen. Höpcke auf der Grundlage der bei den Verlagen eingeholten Informationen zunächst die Behauptung von Loest, daß die von ihm an die Verlage der DDR eingesandten Manuskripte generell für eine Veröffentlichung abgelehnt wurden. Loest mußte eingestehen, daß z. B. seine Zusammenarbeit mit dem Mitteldeutschen Verlag Halle durch sein eigenes Verschulden zum Erliegen gekommen ist. Loest hatte dem Verlag versprochen, sich nach Fertigstellung bzw. Überarbeitung seines Manuskriptes wieder zu melden. Da er dies unterlassen hat, lassen sich daraus keine Vorwürfe gegen den Verlag ableiten. Weiter mußte Loest eingestehen, daß er dem Greifenverlag Rudolstadt offiziell kein neues Manuskript angeboten hat, sondern nur den Verlagsleiter um sein ganz persönliches Urteil gebeten hatte.

Im dritten Fall gab Loest eine andere Darstellung als die Leitung des Verlages Das Neue Berlin. Der Verlag hatte entschieden, daß von drei vorliegenden Erzählungen von Loest zwei in eine geplante Anthologie aufgenommen werden, während eine Erzählung überarbeitet werden müßte. Loest erklärte gegenüber dem Gen. Höpcke, der Verlag habe zu zwei Erzählungen Überarbeitungen verlangt und die dritte für eine Veröffentlichung abgelehnt. Gen. Höpcke empfahl Loest, sich zur

Klärung der offensichtlichen Mißverständnisse an den Verlag Das Neue Berlin zu wenden.

Zusammenfassend zu dieser Angelegenheit hat Gen. Höpcke dem Loest erklärt, daß nach den Auskünften der Verlage die von Loest in seinem Schreiben vom 10. 1. 1980 gemachten Darlegungen über die angeblich ablehnende Haltung der DDR-Verlage zu seinen literarischen Arbeiten als nicht begründet angesehen werden können.

Es sei deshalb für Loest selbst besser, wenn er in der DDR bliebe und hier weiter arbeiten würde. Wenn Loest konkrete Reisevorhaben zu Lesungen oder Materialsammlungen habe, solle er dazu entsprechende Anträge stellen. In seinem ersten Gespräch mit Loest hatte dieser dem Gen. Höpcke erklärt, daß er unbedingt für drei Jahre aus der DDR weg müßte, weil es sonst hier früher oder später zur Verschärfung der Konfrontationen zwischen ihm und dem Staat komme, kurz gesagt, »die Bombe platze«. Diese Bemerkung aufgreifend stellte Gen. Höpcke dem Loest die Frage, was denn wird, wenn er drei Jahre außerhalb der DDR ist. Dann platze doch seine »Bombe« im Westen. Loest habe sich doch entschieden, Schriftsteller zu sein und er wisse genau, daß man Gegenwartsstoffe auch so gestalten könne, daß sie keinen politischen Skandal auslösen, sondern zum Nachdenken anregen. Bei den literarischen Arbeiten von Loest könne es jedoch sein, daß sie sogenannte »Belege« für das »böse Bild« über die DDR, was im westlichen Ausland z. Z. vorherrscht, liefern. Dies jedoch bedeutet gewollten Krach.

Loest könne jedoch auch so schreiben – und daß er es kann, habe er in der Vergangenheit bewiesen – daß es die DDR-Bürger interessiert und belebt. Dies sei die Entscheidung, vor der Loest selbst stehe.

Loest entgegnete darauf, daß es nicht seine Absicht sei, von der BRD aus ständig gegen die DDR Stellung zu nehmen. Er wolle ein schreibender Schriftsteller während seines Aufenthaltes in der BRD sein, der sich hin und wieder auch kritisch zur gesellschaftlichen Entwicklung bzw. einzelnen Entscheidungen in der DDR äußern und andererseits garantieren will, daß seine literarisch verarbeiteten Auffassungen auch die Öffentlichkeit erreichen. Darauf wandte Gen. Höpcke ein, daß Loest dann doch ein BRD-Schriftsteller sei. Er sehe ihn jedoch als DDR-Schriftsteller und habe Loest in den bisherigen Gesprächen auch so verstanden, daß er DDR-Bürger und DDR-Schriftsteller bleiben wolle. Also gebe es nur die Schlußfolgerung, in der DDR zu bleiben.

Loest bedauerte in diesem Zusammenhang, aus dem Schriftstellerverband der DDR ausgetreten zu sein, da ihm dadurch einige Vergünstigungen verloren gingen. Der Leipziger Schriftsteller Max Walter SCHULZ habe Loest angeblich geraten, kein Junktim (Verkopplung mehrerer Dinge bzw. Anträge, die entweder alle bewilligt oder alle abgelehnt werden) zu machen. Es stehe fest, daß Loest reisen könne. Dies würde ihm in den nächsten Wochen mitgeteilt. Dieser Hinweis von M.W. Schulz habe Loest in seiner Haltung und seinem Optimismus bestärkt und auch dazu bewogen, aus dem Verband auszutreten. Loest habe geglaubt, mit seinem Verbandsaustritt die Entscheidung über seinen Reiseantrag bescheinigen und positiv beeinflussen zu können. Er stellte deshalb die Frage an Gen. Höpcke, ob die Entscheidung bezüglich der Ablehnung seines Antrages auf ein längerfristiges Ausreisevisum endgültig sei.

Gen. Höpcke wies darauf hin, daß dieser tatsächlich kein Junktim begehen solle, da der vorliegende Reiseantrag unabhängig von seiner Verbandszugehörigkeit und seiner literarischen Arbeit behandelt wird. Was jedoch die Entscheidung für ein mehrjähriges Visum betreffe, so sei diese endgültig.

Loest bemerkte, daß ihm z. Z. noch einige Einladungen zu Lesungen in der BRD vorliegen und stellte die Frage, ob er für Anfang Mai 1980 einen Reiseantrag für einen dreimonatigen Aufenthalt in der BRD stellen könne. Dies wurde vom Gen. Höpcke mit dem Hinweis bejaht, daß er einen begründeten Reiseantrag von Loest befürworten werde.

In diesem Zusammenhang gab es die einzigen Unbeherrschtheiten von Loest während des Gespräches. Gen. Höpcke hatte Loest darauf hingewiesen, daß sich seine Reiseanträge im Rahmen der festgelegten Bearbeitungsfristen von 10 Wochen bewegen. Loest betrachtete dies indirekt als Schikane, da Visaerteilungen in anderen Fällen von heute auf morgen möglich wären. Gen. Höpcke stellte die nicht in Abrede, betonte aber, daß für derartige Sofortanträge eine begründete Notwendigkeit bestehen muß.

Abschließend stellte Loest die Frage, welche Möglichkeiten zu Lesungen für ihn zukünftig in der DDR bestünden. Dazu entgegnete Gen. Höpcke, daß Loest davon ausgehen könne, daß die entsprechenden Stellen, die Lesungen organisieren, erfahren werden, daß Loest DDR-Autor geblieben ist. Daraus werden sich auch für diese Stellen entsprechende Schlußfolgerungen ergeben, Loest solle nicht davon ausgehen, daß ihm für öffentliche Auftritte nur kirchliche Einrichtungen zur Verfügung stehen.

Übersicht über operativ-relevante Aktivitäten des Loest, Erich seit seinem Austritt aus dem Schriftstellerverband der DDR am 29. 1. 1980

- Loest hatte nach dem 29. 1. 80 in den darauf folgenden Tagen keine Aktivitäten zur Verbreitung seines erfolgten Austritts unternommen. Es wurden keine von ihm ausgehenden Verbindungsaufnahmen in die BRD festgestellt.
- Durch Zwerenz wurde Loest am 7. 2. 80 über das Erscheinen eines siebenseitigen Artikels über L. in der Ausgabe des »Stern« vom 7. 2. 80 informiert. Es handelt sich um einen Beitrag, der von dem BRD-Journalisten Maas bereits im Dezember 1978 mit Loest abgesprochen wurde und erst jetzt erschien, wobei einige Details des Beitrages inzwischen überholt sind, ohne daß dies berücksichtigt wurde. Loest, der bereits von Maas selbst über das beabsichtigte Erscheinen des Beitrages informiert war, äußerte gegenüber Zwerenz, daß er keine Schwierigkeiten wegen dieser Veröffentlichung befürchte.
- Vom 9. 2. bis 12. 2. 80 hielt sich Loest in Berlin auf, wo er Quartier in der Wohnung des Mitarbeiters der Ständigen Vertretung der BRD in der DDR, Axel Schmidt-Goedelitz, nahm und mit dem Vertretungsmitarbeiter Dr. Giradeth, dem ehemaligen Vertretungsmitarbeiter Haarmann, und weiteren Personen zusammentraf. Die Kontrollergebnisse der HA II liegen uns noch nicht vor.
- Am 22. 2. 80 fand eine Aussprache des stellv. Minister für Kultur, Gen. Höpcke, mit Loest statt, in der Loest mitgeteilt wurde, daß seinem Antrag auf Ausreise aus der DDR für 3 Jahre nicht stattgegeben wird, er aber zu mehrwöchigen Lesereisen in die BRD fahren könne. Loest will eine solche Reise ab 1. 5. 80 beantragen.

- Unmittelbar nach der Aussprache kam es zu mehreren Zusammentreffen Loest's und seiner Ehefrau mit Mitarbeitern der Ständigen Vertretung der BRD in der DDR, die bereits vorher vereinbart waren.
- Nach seiner Rückkehr aus Berlin am 24.2.80 berichtete Loest seinen Kindern über die Aussprache mit Höpcke. Loest verwies dabei vor allem auf die Widersprüche, daß ihm vom Vizepräsidenten des SV/DDR, Max-Walter Schulz am 22.1.80 eine kurzfristige Genehmigung seines Ausreiseantrages nach seinem Austritt aus dem Schriftstellerverband zugesichert worden sei, Höpcke dagegen eine eindeutige Ablehnung ausgesprochen und sich über die Äußerungen M.W. Schulz verwundert gezeigt habe. Loest betrachtet Höpckes Verhalten als eine Diskriminierung M.W. Schulz, da er eine bewußte Irreführung durch M.W. Schulz ausschließt. L. spekuliert weiter, daß die Entscheidung auf Ablehnung seines Antrages nicht in seiner Person läge, sondern sowohl durch das gegenwärtig gespannte Verhältnis zwischen der DDR und der BRD beeinflußt würde, als auch das »Erschrecken« der DDR-Führung über das Verhalten des feindlich-negativen Schriftstellers Günter Kunert ausgelöst sein könnte. Loest wird in dieser Auffassung dadurch bestärkt, daß auch die vorher zugesagte Ausreise des feindlich-negativen Schriftstellers Klaus Schlesinger (mit dem er sich mehrfach konsultierte) und dessen Ehefrau Bettina Wegener mit ihren Kindern aus der DDR nicht genehmigt worden sei.

  Loest erwägt, seinen Austritt aus dem SV/DDR zurückzuziehen, falls das Präsidium des Schriftstellerverbandes noch nicht getagt hat und den Austritt bereits bestätigte.
- Inzwischen informierte Loest eine Reihe seiner Verbindungspersonen in Leipzig, darunter Heiduczek, Tetzner und Gosse, über das Ergebnis des Gespräches bei Höpcke und seine o. a. dargestellte Wertung. Gosse bot Loest allgemein seine Hilfe an, es kam jedoch nicht zu irgendwelchen Vereinbarungen.
- Zu seinen Zusammenkünften mit Mitarbeitern der Ständigen Vertretung der BRD in der DDR berichtete Loest seinen

Kindern vor allem über ein Gespräch mit dem Leiter der Vertretung, Gaus, am 23. 2. 80. Loest gab dazu folgende Darstellung: Gaus habe sich über die Ablehnung des Ausreiseantrages Loest's sehr entsetzt gezeigt und ihm sofort seine Hilfe angeboten, wobei G. zum Ausdruck brachte, er habe schon früher auf ein diesbezügliches Zeichen von Loest gewartet, was von Loest jedoch nicht erfolgte, da dieser der Meinung war, Gaus wolle ihm erst bei »Startschwierigkeiten« in der BRD behilflich sein. Von Gaus seien für Loest 3 Verhaltensalternativen aufgezeigt worden:

1. Loest müsse sich zufrieden geben und in der DDR »über die Runden kommen«.
2. Loest solle weiter um das »3-Jahre-Visum« kämpfen und werde dabei von Gaus unterstützt.
3. Loest könne eine genehmigte Lesereise in die BRD zur Nichtrückkehr nutzen, allerdings nur, wenn ihm »das Wasser über den Kopf reicht«.

Loest habe sich für die 2. Variante entschieden. Daraufhin erklärte Gaus, daß er einen »sehr hoch angebundenen Draht« nutzen werde, um sich für Loest einzusetzen. Dies würde unter Nutzung der Tatsache erfolgen, daß Gaus seine Teilnahme an bedeutsamen Verhandlungen mit der DDR-Führung (wie in der Vergangenheit z. B. die Abschlüsse der Projekte »Eisenbahnlinie Berlin–BRD« oder »Kohlekraftwerk Delitzsch«) stets dazu nutzt, am Schluß der Beratungen einen »persönlichen Wunsch« anzubringen. Dies werde bei nächster Gelegenheit der »Fall Loest« sein. Allerdings könne er keine terminlichen Forderungen stellen. Außerdem müsse klar sein, daß er nicht »im Auftrag Loest's« handelt, denn formal-rechtlich dürfe er nicht Interessen und Anliegen von DDR-Bürgern vertreten. Aber er könne es als »private Bitte« anbringen und wolle sich deshalb der Zustimmung Loest's versichern, um nicht gegen dessen Interessen zu handeln. Grundbedingung sei allerdings strengste Vertraulichkeit und Stillschweigen. Loest stimmte diesem Vorschlag Gaus' zu. Loest bat Gaus um eine Orientierung, wie er sich gegenüber der Westpresse verhalten solle, da er bereits angekündigt habe, bei einer Ablehnung seines Ausreiseantrages eine entsprechende Kampagne der BRD-Medien gegen die DDR zu veranlassen. Gaus empfahl ihm, dies erst zu tun, wenn er – Gaus – seine Schritte eingeleitet habe, woran sich Loest halten will. Loest verpflichtete seine Familienangehörigen zu strengstem Stillschweigen über die von ihm dargelegten Fakten.

– Am 27.2.80 führte Loest eine telefonische Rücksprache mit M.W. Schulz und unterrichtete ihn über die Aussprache mit Höpcke, verbunden mit der Aufforderung, M.W. Schulz möge sich nun für Loest einsetzen, da Loest auf seinen Rat gehört habe und deshalb jetzt in einer schwierigen Lage sei. M.W. Schulz zeigte sich sehr erregt über Höpckes Verhalten, erklärte jedoch, daß er für Loest nichts tun könne, da er selbst genauso »hilflos« sei wie Loest. Ihm seien die Hände gebunden und er bekomme selbst demnächst »eine übergebraten«. Er könne Loest nur raten, weiter zu schreiben. Er stehe Loest jederzeit für ein Gespräch zur Verfügung, auch wenn für ihn nichts weiter herauskommen könne, als sich einmal auszusprechen.

Tinneberg
Major

Informationsbericht vom 1. 8.80/11.30–14.50 Uhr/»Autor«

Herr K l u n k e r vom Deutschlandfunk meldet sich bei Frau L. und stellt fest, daß sie wohl wieder zu Hause ist. Ob es ihr gut ergangen ist und ob sie sich ein bißchen erholt hat, will er wissen, und sie bejaht beides.

Sie fragt, wo er ist, worauf K. antwortet, zu Hause. Sie teilt ihm mit, daß ihr Mann auch hier ist.

K. fragt daraufhin, wann er wieder kommt. Sie informiert ihn, er wollte, aber es geht nicht, es darf nicht.

Auf die Frage von K., ob er jetzt da ist, antwortet sie, er liegt im Bett und hat heftige Magenschmerzen. Sie fügt erklärend hinzu, er wollte nämlich gestern wegfahren, und da ging es dann nicht.

K. bringt die Magenschmerzen damit in Verbindung, was auch Frau L. annimmt.

K. erwähnt, heute abend ist bei ihnen das Swallow-Gespräch. Ob man da etwas sagen soll? Ob L. daran interessiert ist, daß das öffentlich wird?

Frau L. verneint entschieden. Das ist jetzt alles ein bißchen offen. Er wird sofort wieder schreiben, also ein Gesuch stellen, daß er zur Buchmesse kommen kann.

Frau L. soll ihn herzlich grüßen. K. tut das so leid. Er hat ja L.'s schöne Besprechung noch da, und er bedauert, daß sie sich nicht sehen könne. K. wird aber auf jeden Fall versuchen, zur Dokumentarfilmwoche zu kommen. Wenn L. etwas hat und wenn was ist, dann ist K. immer da.

Damit beenden sie die Unterhaltung.

F. d. R.
Oltn.

*

Eine Mitarbeiterin vom Ministerium für Kultur möchte Herrn L. sprechen. Frau L. teilt ihr mit, daß ihr Mann heute nicht zu sprechen ist, da er sehr krank ist und im Bett liegt. Er kommt am Montag zum Ministerium. Sie wird nach der Zeit gefragt, worauf sie sagt, gegen 11 Uhr wird er da sein.

Die Mitarbeiterin des MfK meint, es wäre schön gewesen, wenn sie über die Krankheit von Herrn L. informiert worden wären. Daraufhin legt die L. dar, er ist gestern abend krank geworden und hat Magenkrämpfe, was bei ihm öfters mal vorkommt. Am Montag kommt er auf alle Fälle.

F.d.R.
Oltn.

Informationsbericht vom 4. 8.80/14.00–16.00 Uhr/»Autor«

Thomas erkundigt sich bei Frau L., wie es aussieht. Sie informiert ihn, daß die Magenbeschwerden vom Vater besser geworden sind. Er ist nun heute nach BERLIN gefahren. Er will mit verschiedenen Leuten reden, um das mal zu erzählen.

T. findet, das ist alles ein Ding. Er hat sich so verschiedenes dazu überlegt, das muß er mal erzählen. Er findet das alles ein bißchen merkwürdig, und seiner Meinung ist das ganze abgehört worden. Für ihn ist das eindeutig.

Sie wirft jedoch ein, wenn, dann ist das ein bißchen spät gekommen, denn die erste Kontrolle war doch schon vorbei.

Th. stellt sich das so vor, daß eine Spezialtruppe die Kontrollgruppe angerufen hat. Auf den normalen Listen stand das sicher nicht drauf. So wußten die ja ganz konkret, der ist in dem bestimmten Zug und haben dort angerufen.

Th. ist überzeugt davon, wenn der Vater von dort aus nach WESTBERLIN gefahren wäre, dann wäre er unbehindert über die Grenze gekommen.

Frau L. bezweifelt das, ihrer Meinung nach sind alle Übergangsstellen informiert gewesen.

In diesem Falle ist Th. unverständlich, warum sie ihn nicht beim ersten Kontrollieren herausgeholt haben.

Das eben begründet die L. damit, daß inzwischen erst die Durchsage gekommen ist. Wenn er einen Tag oder einen Zug eher gefahren wäre, dann wäre es gegangen, nimmt sie an.

Th. denkt sich, daß die das Telefon überwachen oder auch das Zimmer (?). Sie spricht dazwischen und meint, ungünstig war, daß es am 31. war, als er gefahren ist. Am 30. hätte das anders ausgesehen.

Th. weiß das eben nicht. Wenn das in Westberlin gewesen wäre, hätte der Vater sagen können, er kommt abends wieder.

Frau L. entgegnet lachend, so dumm sind die auch nicht.

Sie erläutert Th., L. hat jetzt einen Antrag geschrieben, daß er Mitte September fahren kann mit der Begründung, des Buches wegen mit Lesungen und so, und zwar bis 31. Oktober.

Sie findet das sehr geschickt, da können sie ihm den Paß ja gleich wieder geben. Das wäre ja wirklich sehr einfach, da brauchten sie das gar nicht einzutragen, sondern nur zu genehmigen. Sie ist sehr neugierig, was dazu gesagt wird.

Th. will wissen, wie der Vater alles so aufgefaßt hat.

Die L. legt dar, er war recht ruhig, worüber er selbst überrascht war. Er hat sich beherrscht, um anderen Leuten keine Scherereien zu machen. Er hatte nur einen Moment Angst, daß irgendwo die »grüne Minna« steht. Obwohl Th. so etwas nicht glaubt, finden sie diese Angst vom Vater doch begründet.

Aktennotiz

<u>OV »Autor II«</u>

Am 4. 8. 80 wurde der Leiter der HA XX/7, Gen. OSL Brosche, telefonisch über die von Loest geplanten Aktivitäten für den 4. 8. 80 informiert (Aufsuchen des MfK, Treff mit Mitarbeiter der BRD-Vertretung). Diese Vorhaben waren dem Gen. Brosche bereits bekannt.

Am 4. 8. 80 früh erfolgte durch ihn die Absprache mit den Schlüsselpositionen des MfK[*] zum weiteren taktischen Verhalten gegenüber Loest entsprechend der am 25. 7. 80 getroffenen Festlegungen.

Gen. Brosche empfahl weiter, die Ausreisesperre gegen Loest aufrechtzuerhalten, um gegen evtl. Fehler staatlicher Organe auf erneuten Versuchens Loests zur Ausreise gesichert zu sein, einschließlich der Sperre für Ausreise in sozialistische Staaten im visafreien Verkehr.

Tinneberg
Major

---

[*] MfK = Ministerium für Kultur. Weiß der damalige stellvertretende Kulturminister und heutige PDS-Funktionär Höpcke, wer diese Schlüsselpositionen innehatte? E. L.

Auskunft

LOEST, Erich
Pseudonyme: Hans Walldorf, Waldemar Naß
geb. am 24. Februar 1926 in Mittweida
wohnh.: 7027 Leipzig, Schönbachstr. 34
freischaffender Schriftsteller
DDR-Bürger, parteilos

Loest entstammt kleinbürgerlichen Verhältnissen. Nach dem Besuch der Oberschule und seiner einjährigen Zugehörigkeit zur faschistischen Wehrmacht arbeitete Loest von 1945 bis 1947 in der Landwirtschaft und in den Leuna-Werken »Walter Ulbricht«. Anschließend war er bis 1950 als Volontär und Redakteur bei der »Leipziger Volkszeitung« tätig und ist seitdem freischaffender Schriftsteller. Loest gehörte zu keiner Zeit zu den profilierten Schriftstellerpersönlichkeiten der DDR, da er trotz relativer Produktivität in seinem literarischen Schaffen nie über ein mittelmäßiges Niveau hinauskam.

Seit vielen Jahren offenbart Loest eine oppositionelle Haltung zur sozialistischen Staats- und Gesellschaftsordnung in der DDR.

Im Zusammenhang mit der Zerschlagung der staats- und parteifeindlichen Gruppe Harich/Janka/Schröder/Loest wurde Loest 1959 zu 7 Jahren Freiheitsentzug verurteilt. Gleichzeitig damit erfolgte sein Ausschluß aus der SED. Nach seiner Haftentlassung 1964 setzte Loest seine oppositionellen Verhaltensweisen fort, die sich insbesondere in den letzten Jahren zur Konfrontation mit staatlichen Einrichtungen und dem Schriftstellerverband der DDR ausweiteten und zu seinem Austritt aus dem Schriftstellerverband führten.

Seit Jahren unterhält Loest persönliche Kontakte zu Mitarbeitern westlicher Verlage und Massenmedien, von denen er sich insbesondere seit 1977 bereitwillig im Interesse ihrer politisch-ideologischen Angriffe gegen die DDR mißbrauchen läßt.

So veröffentlichte Loest im Frühjahr 1979 gesetzwidrig im BRD-Verlag Hoffmann und Campe, Hamburg seinen Erzählband »Pistole mit sechzehn«, dessen Inhalt von Tendenzen der Anklage gegen den realen Sozialismus geprägt ist.

In der BRD-Illustrierten »Stern« vom 7.2.1980 unter dem Titel »Ein deutsches Lehrstück« – Gespräch mit Loest – wurden dessen verleumderische Äußerungen zu seiner Verurteilung im Jahre 1959 und gegen die sozialistische Staatsmacht in der DDR wiedergegeben.

Die Diffamierung des Vertrauensverhältnisses in die sozialistische Staats- und Gesellschaftsordnung durch die Jugend der DDR steht im Mittelpunkt einer Veröffentlichung von Loest unter dem Titel »Ein Leipziger – abseits der Norm« in der BRD-Wochenzeitschrift »Die Zeit« vom 4.7.1980.

Anläßlich eines Interviews und einer Lesung mit Loest, die am 22.7.1980 im RIAS II gesendet wurden, äußerte Loest, daß er mit der »Karl-May-Novelle« als erstes Kapitel seines Romans »Swallow, mein wackerer Mustang« (1980 Verlag Neues Leben, Berlin/DDR und Hoffmann und Campe, Hamburg) seine »eigenen Zuchthauserfahrungen mal auf Papier bringen wollte, um mich davon zu befreien und zu erleichtern«.

Ähnliche Äußerungen wurden von Loest am 11.1.1981 im »Tagesspiegel«, Westberlin unter dem Titel »Bittere Bilanz des DDR-Alltages im Zusammenhang mit der im Zweiten Deutschen Fernsehen (ZDF) am 12.1.1981 gesendeten Verfilmung des Buches von Loest »Es geht seinen Gang« veröffentlicht.

In Kommentaren westdeutscher und Westberliner Medien (»FAZ« vom 10.4.1979 und 10.2.1981, »Die Welt« vom 19.5.1979, »Der Abend« vom 22.11.1979, »Welt« vom 14.1.1981) zum literarischen Schaffen des Loest wird dieser als »gesamtdeutscher Schriftsteller« und »literarischer DDR-Botschafter« mit »Unbestechlichkeit und ungewöhnlichem Mut« hervorgehoben, bei dem auf die Frage nach »dem Maß an Menschlichkeit und Anstand« im realen Sozialismus der DDR eine »beklemmende Studie charakterlicher und seelischer Verkrüppelung unter der Bedrohung durch den Staatssicherheitsdienst« herauskommt.

Information

OV »Autor II« (M-MP)

Über den Besuch des BBC-Korrespondenten Marc Brayn am
1. 9. 80 bei Loest (siehe TB 91/80 v. 2. 9. 80) liegen folgende inoffizielle Kontrollergebnisse vor (26/B).

Der Besuch diente seitens des B. offensichtlich der Information über die Entwicklung der Konfliktsituation Loest's seit
ihrem letzten Zusammentreffen im November 1979 in WB und
seiner gegenwärtigen Lage.

Loest informierte B. über die wesentlichen Ereignise der mit
ihm geführten kulturpolitischen Auseinandersetzungen (Verbandsaustritt, Lesereise in der BRD, erneuter Ausreiseantrag)
und sein gegenwärtiges literarisches Schaffen wie Verfilmung
des Romanes »Es geht seinen Gang« beim ZDF, Veröffentlichung des Karl-May-Romanes in der BRD und DDR, Arbeit
am Manuskript »Spurensicherung«.

Darüber hinaus legte Loest auf Bitten von Brayn seine Kent-
nisse über Auffassungen zur aktuellen kulturpolitischen Situation im Bereich der Schriftsteller dar (Positionen und Probleme
von Fühmann, Schlesinger, Fries, Jacobs).

Weiterhin erörterten beide die Situation in der VR Polen,
wobei L. die bereits bekannten Positionen vertrat. Brayn
äußerte: d. Z., daß seine »polnischen Kollegen« der Meinung
sind, Gierek werde sich »nicht mehr lange halten, es wäre nur
eine Frage der Zeit«.

In dem vorliegenden Bericht sind keine Hinweise auf eine
direkte journalistische Auswertung des Gespräches durch B.
erkennbar (keine Tonaufzeichnung oder Interviewgestaltung).
Vereinbarungen auf weitere Aktivitäten zwischen B. und L.
oder anderweitige Vorhaben des B. wurden nicht festgestellt.

<u>Maßnahmen:</u>

K. an MEG HA II
Auswertung im OV

Tinneberg
Major

Bd. 3200/I.
Leipzig, 10. 9. 80/Ki.
26/B/92/79/104

Informationsbericht vom 8. 9. 80/»Autor«

Gegen 18.00 Uhr kommt Lutz S c h e m m [*] zu L., um ihm einen Hefter mit einem Manuskript zurückzubringen, welchen er zum Lesen bekommen hatte. Wie aus der Unterhaltung hervorgeht, handelt es sich um »Spurensicherung«.

Zu Beginn ihrer Unterhaltung über das Manuskript stellt Sch. die Frage, wo L. sein wird, wenn er sein reifes Alter beschreibt. L. weiß nichts anderes, als daß er an diesem Schreibtisch hier sitzen wird.

Sch. will es deshalb so deutlich wissen, denn seiner Meinung nach müßte sich L. ganz sicher sein, in der »befreundeten« oder benachbarten BRD oder in der Schweiz oder irgendwo sein wird, wenn er dieses Manuskript veröffentlicht.

Er bringt zum Ausdruck, daß er alles sehr interessiert und schnell, aber auch gründlich gelesen hat. Die Gründe liegen auf der Hand: Er und L. sind ungefähr ein Jahrgang, so daß ihn die Beschreibung der Ereignisse sehr fesselt, sowohl der Anfang als auch die weitere Schilderung. Beim ersten mußte er allerdings ziemlich in der Erinnerung kramen.

Zum zweiten betrifft es mit L. ja einen Freund, von dem er eine Reihe von Dingen überhaupt nichts wußte. Letztlich interessiert ihn das Thema schlechthin.

---

[*] Name geändert. Ich hielt Sch. jahrzehntelang für meinen Freund. Er arbeitete als IM für die Abteilung XV (Spionage) und gelegentlich für die Abteilung XX. Das Manuskript von »Spurensicherung« – daraus wurde »Durch die Erde ein Riß« – stellte er der Abt. XX zur Verfügung. Diese kopierte es und ließ durch einen »langjährig bewährten Experten-IM« ein Gutachten anfertigen, das vernichtend ausfiel. Selbstverständlich wußte Sch. an diesem 10. 9. 80 nicht, daß unsere Unterhaltung durch die Wanze der Abt. 26 B belauscht wurde. E. L.

Er hat es nicht flüchtig gelesen und hat sich auch eine Menge Gedanken dazu gemacht. Sch. hat es auch seiner Frau und seiner Tochter gegeben, die beide den ersten Teil gelesen haben. Sch. hat die Erlaubnis von L. vorausgesetzt und betont, daß er sich voll und ganz auf seine Tochter verlassen kann, die darüber schweigen wird wie ein Grab. Er hat sie entsprechend vergattert. Ihn interessierte ganz einfach, was seine Tochter über die Beschreibung einer Zeit sagt, die in der Geschichte ziemlich am Rande behandelt wird. Auch seine Tochter fand es außerordentlich interessant, so würde sie auch hin und wieder gern mal die Geschichte kennenlernen, aus einem subjektiven Standpunkt, den sie nicht für objektiv hält und der auch nicht objektiv sein kann, der aber hilft, diese Zeit besser zu verstehen.

L. fragt, ob Sch. sich noch an seine Schule erinnert. Das paßt doch genau dort rein.

Sch. bestätigt das auch. Nur, daß M o n i k a [*] noch ein bißchen mehr kennt, weil sie auch ein bißchen älter ist als die Kinder dort.

Wenn L. dafür Zeit und Interesse hat, würde sich Sch. gern ausführlicher mit L. über das Manuskript unterhalten. Heute hat Sch. nur etwa 1 Stunde Zeit.

Heute will er nur eine Kleinigkeit dazu sagen. Er hat an einigen Stellen und zu einigen Passagen eine andere subjektive Meinung, was er L. gern erklären will. Grundsätzlich ist Sch. der Meinung, daß man solche Sachen bei uns verlegen könnte, aber er ist ja nun keiner, der –

Er wird von L. unterbrochen, der äußert, er ist nicht das Politbüro. Zumindest ist L. nicht darüber informiert. Sch. entgegnet scherzhaft, er ist nur Kandidat für das ZK, es steht nur noch nicht fest, wann das sein wird. Er ist ja auch noch nicht 72, meint L. noch, und sie lachen.

Sch. sagt dann, er würde es bedauern, wenn dieses Buch in absehbarer Zeit erscheinen würde, weil er sich sonst sicher ist, daß sie Erich auf diese oder jene Weise verlieren werden. Er fügt noch hinzu, möglicherweise auf diese, jene würde er sehr

---

[*] Name geändert. E. L.

bedauern. L. sagte ja, daß die zur Zeit nicht so gängig ist (wahrscheinl. macht Sch. Zeichen dazu.) Auf alle Fälle wird L. Probleme mit der Macht bekommen.

Ob L. an seiner subjektiven Meinung interessiert ist, fragt Sch. nochmals, und dieser bestätigt es. Sch. will zugeben, daß er ein befangener Leser ist, er kennt nahezu alles, was L. beschrieben hat. Er hat ja diese Zeit auch bewußt erlebt. Sch. stellt fest, L.'s sind ein Stück des Lebens seiner Familie, da sie doch ein ganzes Stück zusammen sind. L. stimmt zu, es geht jetzt ins 30. Jahr.

Wenn Sch. die Wahl hätte, würde er sich für L. und nicht für »Spurensicherung« entscheiden.

Frau L. stellt fragend fest, daß L. nicht hier bleiben kann oder soll, wenn das Buch erscheint. Aber warum, will sie wissen. Dazu meint Sch., daß in dem Buch außer einer bestimmten Haltung auch ein paar Namen auftauchen.

L. entgegnet, manche sind tot, aber einer ist heute noch stellvertretender Minister. L. sagt nach einigen unverständlichen Worten, K u r e l l a ist tot, seine Witwe lebt.

Sch. bestätigt dies, und nennt in diesem Zusammenhang noch W a g n e r. Es gibt doch aber auch noch einen Kulturminister, den L. doch noch als FDJ-ler kennt.

Ihre Unterhaltung wird von einem Klingeln unterbrochen. Frau L. verläßt das Zimmer.

L. wird dann von Sch. gefragt, ob er reale Möglichkeiten sieht, nicht mehr da zu sein, wenn das Buch erscheint. Oder ob er gedenkt, in aller Ruhe hierzubleiben, wenn sie die Sache drüben herausbringen? Er stellt dies als eine ganz ehrliche Frage.

L. erklärt daraufhin, er hat das mit den Leuten ausgemacht. Es gibt noch keinen Vertrag. Bis jetzt kennen es einige Freunde, Verleger, Lektoren. Es gibt einen Einwand bisher: L. soll den Mittelteil kürzen, besonders bei den Zitaten.

F.d.R.
Oltn.

Informationsbericht vom 15. 9./16.00–18.00 Uhr/»Autor«

Thomas meldet sich bei seinem Vater. Er hat heute früh ein Disziplinarverfahren gehabt, weil er in Ungarn war.[*] Er wurde als Leiter abgesetzt, strenger Verweis und in den nächsten vier Wochen in die Produktion.

L. bedauert Th. und fragt, ob es durch die »Spiegelsache« gekommen sei. Th. bejaht, Einschleusung eines Buches mit imp. Gedankengut usw. Ach du Scheiße, bemerkt L. darauf. Da macht Th. wohl ein bissel Dreher? Th. verneint, Schmiedekontrolleur, innerhalb der TKO noch, nicht in der Produktion.

Ist es an die Nerven gegangen, möchte L. weiter wissen. Th. hatte es schon am Freitag erfahren und konnte sich daher vorbereiten. Es kommt aber auch alles auf einmal, voraussichtlich ein Jahr und dann noch die Sache mit dem Wehrkreiskommando, was jedoch ganz schnell vorbei war.

L. ist vom Robby informiert worden, wirft er ein. In drei Minuten war alles vorbei, äußert Th. Aber nicht günstig, fragt L. Sogar günstig, »Sie werden von uns hören!« Irgendwann wird er wahrscheinlich mal gezogen. Wenn sie es gewollt hätten, wäre er gezogen worden. Man habe ihn mit Glacehandschuhen angefaßt, Herr Loest hier und Herr Loest dort usw. Th. berichtet seinem Vater, daß er am 10. zum Wehrkreiskommando bestellt war und da er aber krankgeschrieben war, habe er sich brieflich entschuldigt und gleichzeitig um einen neuen Termin gebeten. Th. hatte sich von seinum Studium eine Bescheinigung schicken lassen, vom Rektor, daß er erst 1982

---

[*] Thomas Loest hatte aus Ungarn einige Exemplare des »Spiegel« mitgebracht, die bei der Einreise gefunden worden waren. E. L.

mit dem Studium fertig sei. Das Schreiben könnte L. mal lesen, fügt Th. hinzu. Das Schreiben habe er mit beigelegt und auch die Mitteilung, daß er den Dienst mit der Waffe verweigert. Er wäre jedoch bereit, sein Reservedienst als Bausoldat zu leisten. Er kam also zum Wehrkreiskommando am 10. und da ging es eben, Herr L. hier und Herr L. dort usw. Eine Erklärung mußte er schreiben, daß er weiterhin diesen Wunsch aufrecht erhält. Sie wollten da ganz genau wissen, weil er nicht aus einem kirchlichen Elternhaus kommt, wie es dazu gekommen ist.[*] Th. habe es ihnen schriftlich niedergeschrieben.

Anschließend lief die Musterung ganz normal ab, mit Arzt usw. Zum Schluß wurde er einer Kommission vorgestellt und die wollten von ihm nochmals bestätigt wissen, ob er bei seinem Entschluß bleibt. Als er es bejaht, wurde er entlassen, er bekäme Bescheid. Für Th. war die Sache gelaufen, »die« haben wahrscheinlich großen Schiß vor der Kirche.

Th. spricht nochmals seine Sache von heute früh an, was für ihn doch ein ganz schöner Schlag gewesen sei. Sie haben von der Parteileitung den Auftrag erhalten, da hart durchzugreifen usw. Th. konnte da nichts machen. Er hat lediglich versucht die Sachen mit dem »Spiegel« ein wenig herunterzudrücken.

L. fragt, wie der finanzielle Verlust sei. Das interessiert Th. weniger, ungefähr 45.– Mark. Th. hat das Gefühl, irgend etwas kommt noch auf ihn zu. Jetzt werden sie ihn ganz schön auf die Finger sehen.

L. beendet die Unterhaltung und äußert noch, Th. sollte mal bei Gelegenheit vorbeikommen.

F. d. R.
Hptm.
Xerox bei XX

---

[*] Thomas L. studierte zu dieser Zeit Theologie. E. L.

Informationsbericht vom 28. 11. 80/»Autor«

L. berichtet von einer Lesung, die am vergangenen Dienstag
im Klub des Baukombinates stattfinden sollte. Seine Frau, sein
Sohn und dessen Freundin und der andere Sohn (evt. auch
noch die Tochter?) sind mitgegangen. Vermittelt wurde das von
einer Sabine W e i ß f l o g (A-Bericht geschrieben). Als er mit
seiner Familie dorthin kam, waren außer dem Klubleiter nur 6
Leute da. L. ist dort demonstrativ wieder gegangen mit dem
Hinweis, daß er vor so ein paar Leuten natürlich nicht liest.

Er schildert ausführlich den Verlauf der Begrüßung durch
den Klubleiter. Das Frl. Weißflog hat er gar nicht zu Gesicht
bekommen. Auf seine Frage, wie das denn bekanntgemacht
worden ist, sagte der Klubleiter, sie haben es den Grundorgani-
sationen mitgeteilt. Plakate sind nicht angefertigt worden.

L. erklärt es sich so, daß das Mädel ihn im Alleingang einge-
laden hat und dann zurückgepfiffen wurde. Nun wollten sie
ihn aber auch nicht ausladen, sondern sie haben ihn kommen
lassen und da 5 Funktionäre hingeschickt. L. kann sich sogar
vorstellen, daß noch einer von der Bezirksleitung unter denen
war und Aufträge verteilt hat, wer was fragen soll. Es sollte um
»Es geht seinen Gang« gehen.

Klunker fragt, ob er mit der Weißflog noch einmal telefo-
niert hat. L. verneint, und er denkt sich, das hat auch keinen
Zweck. Die hat sich ja dort auch nicht sehen lassen. Er will die
Einzelheiten auch gar nicht wissen. Er weiß nur, daß er dort nie
wieder hingeht oder wenn, dann nur mit seinen beiden Söh-
nen.

K. hätte an seiner Stelle aber das vereinbarte Honorar verlangt. Doch L. wollte sich dort nicht herumstreiten. Er hat sich

aber vorgenommen, auf solche Einladungen von so unbedarften Leuten gar nicht mehr zu antworten. Mit Pfarrern immer, fügt er hinzu, aber auch dorthin geht er nicht mehr allein. Gestern hatte er ein Ehepaar aus dem Nachbarhaus mit.

In der nächsten Woche fährt L. mal nach BORNA, auch in eine Kirche, und er nimmt da auch Bekannte mit. Ohne »Bedeckung« macht er so etwas nicht mehr.

Wenn er sich vorstellt, in dem Klub die 5 jungen Kerle und zugeschlossene Tür, nein, nein.

K. lacht und meint, das ist eigentlich auch wieder ein Stoff. L. legt dar, das gab es in Leipzig schon, daß Künstler zusammengeschlagen wurden. Und er will denen dazu keine Gelegenheit bieten. Die sagen dann einfach »Mit mir ist mein proletarischer Zorn durchgegangen« und fertig.

F. d. R.

Obltn.

TELEGRAMM

EINGANG   (Nichtzutreffendes streichen)   AUSGANG

Dringlichkeit dringend   GKS GVS VVS   Fu/FS-Nr.: 408

Absender: BV Leipzig, Abt. XX/7

Empfänger: .... BV Berlin, Abt. XX

Leipzig, den 22.12.80

Matthies, Frank-Wulf – erfaßt für Ihre Diensteinheit

Inoffiziell wurde bei der Bearbeitung des feindlich-negativen Leipziger Schriftstellers Erich Loest, folgendes bekannt: Am 16.12.80 wurde Loest von dem Mitarbeiter der politischen Abteilung der USA-Botschaft in der DDR, Edward Ceaton, besucht. Dabei äußerte Ceaton, daß er die Festnahme und spätere Haftentlassung des Matthies als Ausdruck der »Nervosität und Unberechenbarkeit in der Kulturpolitik der DDR« sieht.

Im Zusammenhang mit der Absicht Ceatons, durch Loest an weitere, für ihn interessante Autoren vermittelt zu werden, erläutert Loest mögliche Gefahren und führt als Beispiel seine negativen Erfahrungen mit Matthies an.

Dabei schildert Loest das Auftreten des Matthies im »Königswalder Kreis« im Mai d. J., das er als provozierend und die »Friedensarbeit« dieser kirchlichen Gruppe gefährdend einschätzt.

Matthies habe mit seinen Angriffen gegen das MfS den Vorwand für die Festnahme des Leiters dieser Veranstaltung geliefert.

Inwieweit Ceaton dennoch an einer persönlichen Verbindungsaufnahme zu Matthies interessiert ist, geht aus dem vorliegenden Bericht nicht hervor.

Ceaton wird durch die HA II bearbeitet.

Information

Über durchgeführte operative Kontrollmaßnahmen beim
Aufenthalt von »Autor II« in der Hauptstadt Berlin
im Zusammenhang mit Kontakten zu Mitarbeitern der
Ständigen Vertretung der BRD in der DDR

»Autor II« und Ehefrau weilten in der Zeit vom 9. 1.–13. 1. 81
besuchsweise in der Hauptstadt Berlin.

Aufenthalts- und Übernachtungsort war während dieser Zeit
die Privatwohnung des Mitarbeiters der Politischen Abteilung
der StV der BRD in der DDR SCHMIDT-GÖDELITZ, Axel
(38), Deckname »Sauger«, in 108 Berlin, Leipziger Straße 60.

Die durchgeführten operativen Kontrollmaßnahmen
erbrachten im wesentlichen folgende Erkenntnisse:

9. 1. 81

Gegen 13.00 Uhr trifft die Ehefrau von »Autor II« in der Wohnung von »Sauger« allein ein. Es muß eingeschätzt werden, daß
vor der genannten Ankunftszeit die Wohnungsschlüssel der
Wohnung von »Sauger« durch die Mitarbeiterin der StV HER-
MANN, Ursula, übergeben wurden. Die H. hatte in der fragli-
chen Zeit das Objekt der StV kurzzeitig verlassen.

Zwischen 13.00 bis 13.45 Uhr kommt es zu einem Zusammentreffen von »Sauger« und der Ehefrau von »Autor II« in
dessen Privatwohnung. Die in der Du-Form geführten Gesprä-
che sind belangloser Art. Sie war jetzt 4½ Jahre nicht im Kran-
kenhaus. »Autor II« sei ein ruhiger Charakter, besonnen, sie
kenne ihn in- und auswendig, hat lange genug mit ihm zusam-
mengelebt.

13.45 Uhr verläßt »Sauger« seine Wohnung.

16.00 Uhr erscheint »Autor II« in der Wohnung von »Sauger«. Seine Ehefrau erkundigt sich, was bei ihm war. »Autor
II«: »Sie haben mir 15 000 geboten (keine Währungsangabe) –

es ist ein angemessener Preis. Nicht alles auf einmal, erst 10, dann der Rest.« Die Chefs haben es auch gelesen; es muß alles seine Richtigkeit haben. Ehefrau von »Autor II«: »Möglicherweise wird es ein Bestseller.« »Autor II«: »Die wollen von mir noch ein schönes Bild haben.« Anschließend keine weitere Bewegung in der Wohnung festgestellt.

10. 1. 81

9.00 Uhr Bewegung in der Wohnung – Frühstück –, 13.00 Uhr Mittagessen. Vermutlich nahm »Autor II« und Ehefrau am Empfang (von 19.30–4.00 Uhr) des Leiters der Wirtschaftsabteilung der StV Dr. DEHMEL, Max in dessen Privatwohnung teil. Konkrete Angaben liegen dazu gegenwärtig noch nicht vor.

11. 1. 81

10.00 Uhr erste Bewegung – Kaffeetrinken – 15.30 Uhr verlassen »Autor II« und Ehefrau die Wohnung von »Sauger«. Bis 22.00 Uhr wird keine Bewegung mehr festgestellt.

12. 1. 81

Frühstück zwischen 10.00–10.30 Uhr. 10.35 Uhr verläßt »Autor II« die Wohnung und begibt sich zum Bahnhof. Gegen 11.50 Uhr kehrt er zurück und teilt seiner Ehefrau mit, daß sie am 13. 1. um 12.30 Uhr zurückfahren. »Autor II« verläßt gegen 19.00 Uhr die Wohnung von »Sauger« und begibt sich vermutlich in die Privatwohnung der Mitarbeiterin der StV HERMANN, um den angekündigten Film im ZDF nach seiner Romanvorlage anzusehen. Die Ehefrau von »Autor II« verbleibt allein in der Wohnung von »Sauger«. Es wird keine weitere Bewegung festgestellt.

13. 1. 81

9.30 erste Bewegung – Frühstück – 11.28 Uhr verlassen »Autor II« und Ehefrau die Wohnung von »Sauger«. Die Wohnungstür wird nur zugeschlagen. Beide begeben sich zur Bushaltestelle auf der gegenüberliegenden Straßenseite und fahren zum Bahnhof.

Während der gesamten Zeit des Aufenthaltes in der Wohnung von »Sauger« kam es zu keinem Zusammentreffen mit diesem und »Autor II«.

Leiter der Abteilung 12
Kempe
Oberstleutnant

Bd. 609/II.
Leipzig, 15. 3. 81/Ki.
26/B/92/79/

Informationsbericht vom 15. 3. 81/»Autor«
_____

Gegen 16.00 Uhr findet sich Hendrik B u s s i e k zu seinem
angekündigten Besuch bei L.'s ein. Er hat etwas zu trinken mitgebracht und dabei mehr auf den Geschmack der Frau L. (alle
duzen sich) gezielt. Die L. muß erst ihren Mann holen, der sich
ein bißchen hingelegt hat. L. beginnt seine Unterhaltung nach
den ersten Begrüßungsworten gleich mit der Bemerkung: »Da
haben sie zugeschlagen, die Genossen.«

B. versteht wahrscheinlich nicht sofort, worauf L. erläutert,
er meint sein Visum. Er hat sich sagen lassen, bei dem
J a k o b s ist es genauso. Man versteht nicht, was B. dazu sagt.
L. äußert daraufhin, das ist eine kalte Form von Ausbürgerung.

B. will wissen, das ist doch befristet und verfällt mal wieder.
In drei Jahren, erläutert L., und er betont, er kann einmal raus
und wieder rein innerhalb von drei Jahren.

L. zeigt seinem Gast wahrscheinl. den Paß. Sie reden über
das Foto. L. mußte zwei abgeben und hat das eine gleich wieder zurückgekriegt. Also gibt es darüber gar keine Akte, nimmt
er an.

L. erzählt, daß H ö p c k e persönlich ihm den Paß ausgehän-
digt hat. Weiter berichtet er, daß er vor drei Wochen einen Brief
an Honecker wegen der einmaligen Ausreise geschrieben hat
und wie das ganze verlaufen ist.

L. führt dabei auch wieder die Worte von Höpcke beim Hin-
ausgehen an, daß man von L. erwartet, daß er nun nicht über
diesen Staat herfällt. Das was die Frau R ö h r dann zu ihm
sagte, klang so, als ob er 10 Tage Zeit hätte, bis er fährt.

Nach einer Denkpause meint B., er überlegt, ob man morgen bei der Pressekonferenz darauf kommt. Man könnte die

Frage stellen: »Einige Autoren haben ein Drei-Jahres-Visum erhalten und... nicht wie früher üblich mehrmals kommen, sondern einmalig. Was ist der Grund für ein solches Vorgehen?«

L. ist scheinbar einverstanden, meint aber, warum sollte man nicht sagen, J a k o b s, L o e s t?

B. stimmt zu. Damit ist das aber in der Presse. Das ist L. klar.

L. berichtet, daß er wegen dem Visum schon einmal mit H ö p c k e ein Gespräch geführt hat und er wurde vom H. darum gebeten es noch geheim zu halten. Jetzt ist alles vollzogen und es gibt keinen Grund es geheim zu halten.

Nach kurzer Überlegung bringt B. zum Ausdruck:»Da müssen wir morgen... mit daran denken, besteht nicht die Gefahr, daß die dann sagen, ätsch gib mir den Paß wieder.«

Nach einer erneuten Denkpause meint L., er hält es für unmöglich, daß die es machen werden. Frau L. wirft ein, das unmöglich kann man nie sagen. L. erklärt, daß er allen Leuten dort in der Kneipe seinen Paß gezeigt hat, damit sie nicht auf Gerüchte angewiesen sind. Er hat sich gleichzeitig von seinen Freunden verabschiedet, der S c h r ö d e r war da, B e r g e r usw. L. sieht für morgen da gar keine Gefahr, wenn diese beiden Namen (L. u. J.) genannt werden.

In der weiteren Unterhaltung berichtet B. vom Messerundgang und das sich der Ausspruch von Erich H o n e c k e r zur letzten Messe,»lockere Horizonte usw.« bei diesem Rundgang gezeigt hat. Honecker zeigte sich wieder mal von seiner guten Seite, besonders beim Gespräch mit B ö l l i n g. H. sprach von guter Zusammenarbeit, von Entspannung usw.

L. fragt, ob Honecker bei diesen Gesprächen auch immer die Wortenden verschluckt hat. (L. führt das Wort sozialistische... an), über dieses Problem lassen alle drei sich längere Zeit aus, sehr negativ.

Danach bringt L. zum Ausdruck, daß heute früh eine Soziologin aus München zu ihm kommen wird. Sie berichtet heute früh am Telefon, daß K a n t heute früh gesprochen hat und es eine ganz harte Rede gewesen, so ein B r e c h t -Wort, wenn die Atombombe da könnte man nicht mehr über Bäume dichten – K. habe es dann noch erweitert, wenn die Neutronenbomben rasseln, dann hat es seine Wirkung. L. läßt sich dann noch mehr von ihr erzählen.

L. findet solche Sprüche einfach sinnlos. Unter anderem erwähnt er den gestrigen Besuch von K e e t o n. Diesen Ausspruch von H o n e c k e r, der Sozialismus würde auch in der BRD an die Tür klopfen, maß er große Bedeutung zu. L. habe natürlich sofort dagegen gesprochen, weil keiner daran glaubt.

Diese Bemerkung hätte B. unter Scherz und Ironie abgelegt, wirft dieser ein. Übrigens ist es unter den Bundesbürgern auch völlig überbewertet worden, Honecker habe die Nationale Frage wiederentdeckt.

Von dieser Warte sei Keeton auch ausgegangen, Honecker hat damit der SPD und den anderen linksgerichteten Kräften einen Auftrieb gegeben, meint L. Seit 10 Jahren wurde die Deutsche Frage nicht mehr berührt und plötzlich spricht Honecker davon. L. habe es dem K. ausgeredet, weil es völliger Unsinn ist, es wird sich nichts ändern.

Darauf äußert B. ein Argument habe ihm zu denken gegeben, dieser Honecker bekommt da Informationen vorgelegt und da könnte es sein, B. glaubt es zwar nicht, daß Honecker auf Grund dieser Informationen, 1,5 Mill. Arbeitslose tatsächlich im... eine Chance geben für die Kommunisten in der BRD. Honecker ist jedoch völlig desinformiert, ein völliger desinformierter Mann. Für ihn muß ja der Kapitalismus untergehen sonst müßte er sich einen Strick nehmen.

Anschließend reden sie über allgemeine literarische Probleme. Danach fordert L. den B. auf einen kleinen Spaziergang zu machen, dieser Vorschlag wird sofort angenommen. Beide gehen 17.10 Uhr aus dem Haus. Frau L. hantiert im Wohnzimmer.

F. d. R.
Hptm.

MINISTERRAT
DER DEUTSCHEN DEMOKRATISCHEN REPUBLIK
Ministerium für Staatssicherheit

Hauptabteilung Abteilung VIII/1   Leipzig, 2. 1. 1981
Bezirksverwaltung Leipzig   au-st/   /1981

Beobachtungsbericht

Auftrag »Rotbart«
für die Zeit vom 29. 12. 80, 9.00 h bis 19.27 h

Stellv. Leiter der Abteilung   Referatsleiter
Manteufel   *Winkler*
Major   Major

29. 12. 1980

9.00 Uhr wurde die Beobachtung von »Rotbart«[*] am Wohngrundstück 7027 Leipzig, Schönbachstraße 34, begonnen.

10.02 Uhr wurde »Rotbart« mit seinen Pkw Typ: PLYMOUTH, pol. Kennz.: CD 61-51, Farbe: weiß aus Richtung Holzhäuser Str. kommend, aufgenommen. Gegenüber dem Wohngrundstück von »Mark« parkte er seinen Pkw ab und betrat

10.04 Uhr das o. g. Wohngrundstück. »Rotbart« trug seinen Parker (Kutte) zusammengerollt unter dem Arm.

11.26 Uhr verließen »Rotbart«, »Mark« und eine ca. 40jährige weibl. Person, bei der es sich vermutlich um die Ehefrau von »Mark« handelt, im weiteren Bericht als Ehefrau bezeichnet, das Grundstück. Alle Personen begaben sich zum Pkw von »Rotbart« und stiegen in diesen ein, wobei »Mark« auf dem Beifahrersitz und seine Ehefrau hinten links Platz nahm. Nach ca. 1 min.

---

[*] »Rotbart« war der Code-Name für David-Edward Keeton, 2. Sekretär der USA-Botschaft in Ostberlin. »Mark« war ich. E. L.

98

11.29 Uhr fuhren sie langsam los über Schönbachstr., Leninstr., Leipziger Str., Schwarzenbergweg in den Joachim-Gottschalk-Weg. Nach ca. 50 m hielten sie an und alle 3 Personen verließen den Pkw. »Rotbart«, »Mark« sowie die Ehefrau von »Mark« liefen langsam den J.-Gottschalk-Weg entlang, wobei »Mark« im Gespräch wortführend war und auf einige Einfamilienhäuser zeigte. In dieser Umgebung von Meusdorf stehen hauptsächlich Ein- und Zweifamilienhäuser. Nachdem sie sich einige Häuser angesehen hatten, liefen sie langsam zum Pkw zurück und stiegen

11.52 Uhr in den Pkw ein. Anschließend fuhren sie langsam über J.-Gottschalk-Weg, Romain-Roland-Weg, Schwarzenberg-weg in den Cervantesweg. Da dieser Weg Sackgasse ist, wendeten sie am Ende des Weges und fuhren langsam weiter durch Cervantesweg, H.-Mann-Weg, Holtystr., K.-Marx-Städter-Str., Bornaische Str. weiter die alte F 95 bis Ortsausgang Auenhain. Da hier durch ein Sperrschild die alte F 95 gesperrt war, wendeten sie und fuhren langsam zurück nach Auenhain in die Auenhainer Allee. Hier parkten sie ihr Fahrzeug am Ende der Allee ab.

12.07 Uhr verließen alle 3 Personen den Pkw und begaben sich auf das Gelände des Tagebaues, BKK Espenhain. Hier begaben sie sich bis zum Rand der Grube. »Rotbart« hatte ein Fernglas bei sich. Gegen

12.25 Uhr liefen alle zum Pkw zurück, stiegen ein und fuhren

12.30 Uhr zurück zur alten F 95 und auf dieser weiter bis Leipzig. Hier fuhren sie über Leninstr., An der Tabaksmühle, R.-Lehmann-Str., K.-Liebknecht-Str., K.-Eisner-Str., Schleußiger Weg, Maurice-Thoreze-Str. in die Industriestr. In Höhe der Elsterbrücke parkten sie

12.34 Uhr ab. Alle Personen verließen den Pkw und liefen gestikulierend langsam bis zur Erich-Zeigner-Allee. »Mark« war auch hier wortführend und wies öfters in die Gegend. Auf dem Rückweg zum Pkw betraten alle für ca. 30 sec. das Grundstück 7031 Leipzig, Industriestraße 34. Dieses Grundstück ist ein Eckwohngrundstück und beherbergte früher vermutlich eine Gaststätte. »Mark« erklärte auch hier viel. Dann liefen sie weiter zum Pkw, stiegen ein und fuhren weiter über Industriestr., Ph.-Müller-Str., Lützner Str., Asternweg in die Alte Salzstraße. Alle blieben im Pkw und unterhielten sich. Nach ca. 10 min. fuhren sie noch etwas weiter und wendeten dann. Sie fuhren zurück über Asternweg zur Lützner Str. und weiter Fr.-L.-Jahn-Allee, Fr.-Ebert-Str., K.-Tauchnitz-Brücke zur Seifertstr. Hier hielten sie an und »Mark« verließ allein den Pkw und begab sich auf die andere Straßenseite. Dort lagert der demontierte Mendebrunnen. »Rotbart« fuhr noch ca. 50 m weiter. »Mark« lief dem Pkw nach und stieg wieder ein. Sie fuhren bis zur Beethovenstr. Ecke Grassistraße. »Rotbart« und »Mark« stiegen hier

13.05 Uhr aus, überquerten die Grassistr. und sahen sich das Gebäude der Universitätsbibliothek sowie die angrenzenden Bauten an.

13.12 Uhr setzten sie sich wieder in den Pkw und fuhren weiter über Grassistr., Tauchnitzstr., Tauchnitzbrücke, Roßplatz, Grünewaldstr., Ph.-Rosenthal-Str., Leninstr., Naunhofer Str., Schönbachstr. vor das Wohngrundstück von »Mark«.

13.25 verließen alle drei Personen den Pkw und begaben sich in das Wohngrundstück von »Mark«.

18.52 Uhr verließ »Rotbart« das Wohngrundstück von »Mark«, stieg in seinen Pkw und informierte sich auf einem Stadtplan.

18.54 Uhr fuhr er los, wendete und fuhr weiter über Schönbachstraße, Leninstr., Str. d. Befreiung, K.-Marx-Platz, Georgiering, Hauptbahnhof, Gerberstr., Eutritzscher Str., G.-Schumann-Str. Ca. 50 m hinter dem Chausseehaus hielt »Rotbart« an, schaltete die Warnblinkanlage ein und schaute abermals auf den Stadtplan. Danach wendete er verkehrswiedrig und fuhr langsam die Eutritzscher Str. stadteinwärts. Kurz vor der Kreuzung Roscher Str. wendete er abermals verkehrswiedrig und fuhr weiter stadtauswärts über Str. d. DSF, Dübener Landstr. auf die Autobahn in Richtung Schkeuditzer Kreuz.

19.26 Uhr befuhr »Rotbart« am Schkeuditzer Kreuz die Autobahn in Richtung Berliner Ring.

19.27 Uhr wurde die Beobachtung von »Rotbart« auf Anweisung beendet.

Informationsbericht[*] vom 27. 1. 81/Objekt »Autor«

Am späten Nachmittag kommen Bernd-Lutz L a n g e und Herr B ö h n k e zum Ehepaar L.

Ihre Unterhaltung dreht sich anfangs um das Programm der »Akademixer«, weiterhin um kulturelle und denkmalpflegerische Probleme in Leipzig. Dabei ereifert sich L. wieder besonders über den alten Johannisfriedhof, den man sträflicherweise verkommen lassen hat. Jetzt hat man ihn geschlossen. Die beiden Besucher stimmen ihm zu. Es ist von der Brockhaus-Gedenkfeier die Rede, und dessen Grabstein lag umgestürzt auf diesem Friedhof.

Einer der beiden Gäste, die in der Stimme kaum auseinanderzuhalten sind, berichtet von einer Eingabe, die er mit jemand zusammen gemacht hat wegen alter Figuren an einem Haus in der Innenstadt, die bei der Rekonstruktion einfach verschwunden sind...

L. wird gefragt, ob er auf jemand wartet, der zu ihm kommt und mit ihm reden will. L. bestätigt, da ist schon was dran. Jetzt reden beide Gäste auf L. ein. Sicher würden manche Leute gern zu ihm kommen, können es sich aber aus verschiedenen Gründen nicht leisten.

Böhnke spricht jetzt, und er bringt zum Ausdruck, er ist zwar nicht ganz so optimistisch wie Bernd-Lutz. Aber solange er noch nicht den Gegenbeweis bekommen hat, klammert er sich noch an das Hier. Er hatte auch schon mindestens 10 Mal die Gelegenheit, nicht wiederzukommen. Aber erstens ist er noch vom Sozialismus überzeugt, als Theorie, schränkt er ein. Er hat

[*] Auszug aus einem achtseitigen Protokoll eines Wanzen-Mitschnitts. E. L.

auch den Glauben noch nicht verloren, bei uns mal ein kleines Stück weiterzukommen. Und er kennt auch Leute, die das können. Inwieweit das geht, das muß sich zeigen. Diese Leute muß man, auch wenn man nicht in allem mit ihnen übereinstimmt, benutzen. Die große Gefahr ist dabei bloß, daß man selbst dort hinkommt, wo man gar nicht hinwollte.

Bei L. besteht diese Gefahr aber sicher nicht mehr so wie bei ihnen beiden, die sie ja noch viel jünger sind.

Er stimmt mit L. überein, wenn dieser sagt, lange geht das hier nicht mehr.

L. wiederholt diese Bemerkung auch jetzt wieder.

Sie brauchen doch auch hier solche Leute, fährt B. weiter fort. Was nützen ihnen hier noch solche Leute wie Sarah Kirsch und Kunert. Diese sind doch weg, für uns verloren. Eigentlich brauchten wir diese doch aber hier.

Frau L. hat Abendbrot zubereitet, und sie essen dann gemeinsam.

Dabei macht L. längere Ausführungen über ein Gespräch, welches er in der BRD mit einem Germanistikprofessor geführt hat. Dieser hat ihn sehr zum Nachdenken gebracht. Er hatte angesprochen, daß es in der DDR eine Ballung von Schriftstellern der Geburtsjahrgänge 25 bis 30. Der sprach nicht nur die an, die dann nach dem Westen sind, sondern auch Neutsch, Schulz, Sakowski, Braun und andere. Diese Ballung, was außerordentlich selten vorkommt, ist nun nach der Biermann-Affäre auseinandergefetzt. Sein Bekannter hat ihm eine Kontinuität von Neutsch bis Kunze, von Bobrowski bis Biermann deutlich gemacht. Als L. das dann begriffen hatte, wie er das meint, hat er zugestimmt, das ist wirklich sehr schlimm, daß jetzt diese Leute auseinanderstieben.

Einer der Gäste spricht dann an, ein solcher Stratege, der eben hier bleibt, ist für ihn der K u c z i n s k y. Wenn man z. B. die NDL Nr. 10 liest, den Brief an Hermann K a n t. Der hat genau das Zutreffende dort angesprochen. Er ist überhaupt erstaunt, daß die das abgedruckt haben.

L. wirft ein, der K. ist 77 Jahre alt. Ihm wird zugestimmt, in gewissem Maße genießt der Narrenfreiheit. Trotzdem fand er den Brief bedeutsam. Der spricht an, die Gesellschaftswissenschaftler sind in den letzten Jahren aus der Schönfärberei nicht herausgekommen.

K. hat ja die Kritik von Kant an Strittmatters »Wundertäter« genutzt, um eine viel größere Kritik über den Stand in unserer Republik loszulassen. Anstatt von einem »entwickelten Sozialismus« zu sprechen, wäre es notwendig, anzuerkennen, daß es sich nur um einen »sich entwickelnden Sozialismus« handelt. Er schwärmt, der hat so herrliche Sätze da drin. L. kennt diesen Brief ebenfalls.

Der andere Gesprächspartner meint, den Kuczinsky kann man aber wirklich nicht als Maßstab nehmen.

Einer der beiden Gäste bringt zum Ausdruck, er kann den Sinn von befristeten Ausreisegenehmigungen nicht begreifen. Wenn einer, ein Schriftsteller, hier weggeht, weil er hier nicht mehr arbeiten kann, dann kann es doch nicht sein, daß der nach 2 Jahren auf einmal wieder hier arbeiten kann. Insofern ist für ihn nicht verständlich, daß die Leute weggehen durften.

Frau L. wirft hier ein, von denen allen, die rüber sind, ist ihrer Meinung nicht einer dabei, der nicht vorher versucht hätte, hier ein bißchen was zu verändern.

L. kommt wieder auf das zu sprechen, was er schon vorhin anführte, die Entwicklung der Schriftsteller-Generation in den Anfangsjahren der Republik. Und Lange setzt seine Gedanken fort, sicher ist es immer so, daß sich unter schwierigen Bedingungen stärkere Charaktere herausbilden als unter Wohlstandsbedingungen. Aber daß sich unter DDR-Bedingungen solche Schriftsteller so massiert herausgebildet haben, muß doch etwas für das System aussagen können.

L. fügt hinzu, unter diesen Bedingungen in diesem Land wuchsen ja Kant und Loest und Kunze und Thürk. Mit gerade dem Thürk saß L. auch mal in einem Schriftstellerseminar. Da war Heiner Müller dabei und auch Armin Müller. Damit will L. ausdrücken, da muß doch mal ein fruchtbarer Boden gewesen sein, daß wir alle sprossen.

Lange deutet an, daß Heiner Müller in Berlin sitzt, und dauernd gehen ihm irgendwelche Gestalten hinterher. Sein Stück, was er herausgebracht hat, ist gleich übersetzt worden und in den USA gespielt worden. Er findet das alles furchtbar.

Lange empfindet es auch erschreckend, daß 90 % aller Leute Pessimisten sind. Die haben mit 25 Jahren aufgehört zu leben, die sehen nichts mehr, was man verändern kann. Böhnke widerspricht ihm bei dieser hohen Prozentzahl und meint, er hat auch die Pessimisten um sich geschart. Lange jedoch meint, er trifft eben solche Leute, er sucht sie nicht.

Nachdem sie über verschiedene andere Schriftsteller debattiert haben, führt L. einen Ausspruch von T r o t z k i an, der in Bezug auf eine eiserne Parteidisziplin einmal gesagt hat – wobei L. einschränkt, das ist schon eine Weile her, und Trotzki hat nicht nur Gutes gesagt – es ist vielleicht besser, wir lassen die Schriftsteller draußen aus der eisernen Disziplin. Das mag ja alles so sein, meint L. weiter, daß die Partei in 150 Jahren mal zu anderer Meinung kommt. Bloß, dieses hier ist sein Leben, und er ist jetzt 55. Wenn er das so sagt, bedeutet das für ihn, er hat vielleicht noch 10 Jahre, in denen er arbeiten kann. Da kann er nicht die Zeit verwarten, ob eine Bezirksleitung dann evtl. einsieht, sie hat unrecht gehabt.

Lange bestellt dann ein Taxi, und Loest gibt ihm Bücher zurück über das alte Leipzig, die er sich von ihm geborgt hatte.

Beide verabschieden sich dann, nachdem sie sich für die Gastfreundschaft bedankt haben.

F. d. R.
Oltn.

B 1395/I. S.–
Leipzig, 17. 3. 1981/Wo.
26/B/92/79/134

Informationsbericht vom 16. 3. 1981/»Autor«

Kurz vor 17.00 Uhr trifft Herr F e t z e r bei L.'s ein. Die Begrüßung findet außerhalb des Zimmers statt. Vom L. wird der
Vorschlag unterbreitet einen kleinen Spaziergang zum Völkerschlachtdenkmal zu machen. Herr F. akzeptiert diesen Vorschlag. L. äußert zu seiner Frau, das ist Herr Fetzer aus München und Günter K u n e r t ' s tüchtigster Mann. L. und Herr F.
verlassen die Wohnung.

Nach einer Weile läutet es an der Tür, Herr S t a r k m a n n ist
gekommen. Frau L. bringt zum Ausdruck, sie haben St. erst
gegen 17.30 Uhr erwartet, ihr Mann wäre inzwischen mit einem
Gast spazieren gegangen, um 17.30 Uhr wollten sie wieder
zurück sein.

Herr St. äußert, wenn Frau L. nichts dagegen hat unter-
nimmt er ebenfalls einen kleinen Spaziergang. Sie ist einverstanden und bittet um Verständnis, da sie noch einige Vorberei-
tungen zu treffen hat. St. verabschiedet sich bis 17.30 Uhr von
Frau L.

Zur vereinbarten Zeit trifft Herr St. wieder ein. L. ist noch
nicht zurück. Frau L. sagt, daß ihr Mann mit Herrn F e t z e r
vom »Hanser Verlag« spazieren gegangen sei. Ob St. zufällig
Herrn F. kennt. Dem Namen nach ja, persönlich jedoch nicht,
vom Ansehen vielleicht.

Es wird anschließend über die stattgefundene Pressekonferenz gesprochen, die Herr St. ebenfalls besucht hat. Frau L.
sagt, weil wir gar nichts wissen, d. h. der Herr B i e l k e rief
schon an und fragte, ob ihr Mann tatsächlich die einmalige Ausreise beantragt hat, was natürlich nicht stimmt. In der Pressekonferenz wurde dies angesprochen.

Davon weiß St. nichts, diese Frage müßte dann ganz zum Schluß gestellt worden sein. Er hat die Pressekonferenz schon vorher verlassen müssen, weil er seinen Bericht abgeben mußte. Sein Kollege erwähnte darüber nichts. Wer diese Frage gestellt hat, wird vom St. gefragt. Frau L. antwortet darauf, der Herr Hendrik B u s s i e k. Solche Gerüchte sind – Frau L. unterbricht St. und sagt, es sind keine Gerüchte, Herr B. hat es von L.'s selbst erfahren.

Ihr Mann habe eine einmalige dreijährige Ausreise erhalten. Sie führt an, daß ihr Mann eine mehrfache Ausreise beantragt hatte und zweimal wurde es ihm abgelehnt. Jetzt bedeutet das, er darf drei Jahre nicht in die DDR einreisen. Sie fügt hinzu, dem J a k o b s geht es übrigens genauso. Auf dieser Pressekonferenz soll H ö p c k e geantwortet haben, daß ihr Mann die einmalige Ausreise beantragt hat und dementsprechend auch erhalten hat.

St. versteht die ganze Problematik nicht so richtig und Frau L. erläutert ihm, ihr Mann könnte während dieser drei Jahre einmal in die DDR einreisen, er kommt jedoch dann nicht wieder raus. Ihr Mann will drei Jahre wegbleiben und will sich drüben in der BRD etwas aufbauen. Mehrfache Einreise heißt eben, er könnte öfters in die DDR einreisen. Nur war es bis jetzt immer so, alle durften mehrmals einreisen und plötzlich wird es bei ihrem Mann und beim Jakobs nicht mehr gemacht. Beim J. ist es nicht so schlimm, er nimmt ja seine Familie mit, sie (L.'s) bleiben jedoch hier. Frau L. bedauert es sehr, daß sie die Pressekonferenz nicht verfolgen konnten. Auch St. bedauert es nicht bis zum Schluß dagewesen zu sein, dieser Fakt wäre sehr interessant. St. stellt die Frage, wann L. in die BRD reisen wird. Sie antwortet ihm darauf, ihr Mann fährt am Freitag.

Dieser Termin steht fest, wird vom St. gefragt, was Frau L. bejaht. Um dieses Visum wahrzunehmen, wirft St. ein. Wenn L. es nicht tut, verfällt wohl dieses Visum? Sie haben sich geeinigt, daß ihr Mann 10 Tage für die Vorbereitung benötigt. Das ist keine schöne Situation, wirft St. ein, was von Frau L. bestätigt wird. St. fragt nochmals, wobei L. zu jeder Zeit in die DDR zurückkommen kann. Nur wenn er dann zurückkommt, dann – Frau L. bejaht es, dann müßte ihr Mann hierbleiben. L. könnte dann also wieder eine Ausreise für drei Jahre beantragen, fragt St.

Das bejaht Frau L., natürlich könnte er dies tun, nur weiß man dann nicht, was daraus wird, das kann er natürlich nicht riskieren. Ihr Mann könnte z. B. zu keinem Begräbnis usw. kommen. Ihr Mann hat seine Schwester noch hier, sein Vater ist im vorigen Jahr verstorben.

Diese einmalige Ausreise gibt es jetzt zum ersten Mal, wird vom St. gefragt. Frau L. bejaht es, damals der B i e r m a n n , das war ein großer Rausschmiß – Natürlich werden »sie« nie wieder so etwas tun. Wir haben jedoch das Gefühl, das ist sehr ähnlich.

Sagenhaft kann St. nur darauf sagen. Er stellt die Frage an sie, ob sie und ihre Kinder während dieser drei Jahre nach Westdeutschland fahren kann.

Nach einer kurzen Gesprächspause meint Frau L., ihre Kinder nicht, sie sind bereits erwachsene Leute. Sie könnte fahren da sie einen Invalidenausweis besitzt. Vielleicht fährt sie auch mal, es kann natürlich auch eine Ablehnung kommen.

Herr L. ist gekommen und entschuldigt sich beim St. Er macht seine Gäste miteinander bekannt (F. ist mit dabei).

Es wird sofort über die heutige Pressekonferenz diskutiert.

St. hat feststellen müssen, daß die Pressekonferenz, gleich von Anfang an, in einem sehr scharfen Ton gehalten war. L. interessiert sich sehr über die Pressekonferenz und St. berichtet, daß sehr viel über kulturellen Austausch und für Verständigung usw. gesprochen wurde. Zusammenarbeit mit den soz. und kapt. Länder usw.

In der weiteren Unterhaltung wird vom St. gefragt, ob L. Kontakt mit Gerd N e u m a n n hat, was vom L. verneint wird. Danach wurde er schon einmal gefragt, gestern z. B. Gesehen hat L. ihn nie, nur ab und zu etwas von ihm gehört. N. soll einen Brief an Kurt H a g e r geschrieben haben und da er vom Hager keine Antwort erhalten hat, verfaßte er abermals einen Brief. Dieses ist dann in der Westpresse und im Radio verlesen worden. Dort forderte N. den Hager heraus, er (H.) sollte Mut zu einer Diskussion haben. Hager hat dann zurückgeschrieben. Weitere Ausführungen sind nicht zu verstehen.

18.22 Uhr: N. hat ein sehr schwerblütiges und schwerfälliges Temperament, führt St. aus. N. ist ein typischer Meklenburgischer Mensch. Dieser berühmte offene Brief an H a g e r ist nur zum Teil veröffentlicht worden in der westd. Presse. Dazu erläutert L., der vollständige Text habe vorgelesen und im Radio hatte man schon erwogen den Text vollständig vorzulesen. Sie trafen jedoch die Entscheidung es nicht zu tun. Das aufgegriffene Problem wird längere Zeit ausdiskutiert.

Nach 18.30 Uhr verabschiedet sich Herr F e t z e r vom Ehepaar L. und von Herrn St. L. kommt wieder auf sein beliebtes Thema zu sprechen, wie grau die Stadt Leipzig sei und Grünau wäre eine einzige Katastrophe, kein Mensch sollte nach Grünau ziehen. St. zieht Vergleiche zwischen Berlin West und Berlin Ost.

Gegen 19.00 Uhr verabschiedet sich dann St. vom Ehepaar L. Er bedankt sich für die nette Gastfreundschaft und wünscht L.'s alles Gute.

Zwischen dem Ehepaar L. kommt es zu keiner Unterhaltung, Frau L. bereitet das Abendbrot vor.

F. d. R.
Hptm.

Informationsbericht vom 18. 3. 81/ nach 17.00 Uhr/»Autor«

L. unterhält sich noch mit Frau H a n k e . Ihre Unterhaltung
dreht sich jetzt ausschließlich um literarische Probleme. Sie
sprechen über verschiedene Schriftsteller, wobei Karl-Heinz
B e r g e r und Armin M ü l l e r u. a. erwähnt werden. Frau L.
kommt dann zu ihrer Unterhaltung hinzu.

Gegen 18.20 Uhr trifft Ulrich P l e n z d o r f mit einer U t e
ein, die er als Nachwuchsautorin vorstellt.

P. hat ein sehr lautes Organ, und alle sprechen erst einmal
durcheinander. Er sagt, daß er eigentlich von Berlin aus anrufen und sich anmelden wollte, hat aber keine Verbindung
bekommen. L. meint, da werden wohl die Genossen auf der
Leitung sitzen. Sie wollten gestern nach MOSKAU zu Inge
S c h r ö d e r anrufen, was aber auch nicht klappte. Es werden
Witze über das Abhören von Telefonleitungen gemacht. P. ist
überzeugt, daß »die« das sowieso nicht alles auswerten, sondern speichern.

Als P. und U. etwas zu trinken erhalten haben, kommen sie
gleich auf den gemeinsamen Film[*] zu sprechen. L. sagt seine
– bereits bekannte – Meinung, und P. äußert die seine. Sie setzen sich über verschiedene Szenen auseinander und L. legt dar,
was ihm nicht gefallen hat. P. versucht, seine Ideen zu erklären
und zu begründen. Über verschiedene in der BRD erschienene
Kritiken ist die Rede, weiterhin über die Besetzung der einzelnen Rollen.

Etwas später kommt Ralf S c h r ö d e r . L. stellt ihn vor
und lästert über seine Schuhe. Man sieht gleich, daß er aus

[*] »Es geht seinen Gang«. Plenzdorf hatte das Drehbuch geschrieben. E. L.

GRÜNAU kommt. Die Unterhaltung ist durch die vielen Personen jetzt schlecht zu verfolgen, vor allem da zwei Männer mit Berliner Dialekt dabei sind.

Soweit es zu verstehen ist, geht die Unterhaltung noch immer um den Film. Auch Sch. sagt seine Meinung zum Film, und er drückt sich ziemlich resolut aus, der Anfang ging noch, aber dann ging alles verloren. L. spricht dann an, was Klaus P o c h e zu diesem Film gesagt hat (ebenfalls schon bekannt aus anderen Berichten).

Ute ist vom Film auch unbefriedigt, obwohl sie von vielen ihrer Kollegen andere Meinungen gehört hat.

Sie kommen irgendwie auf Rainer K u n z e zu sprechen. Das folgende ist nicht zu verstehen, da alle durcheinander sprechen.

Sie beenden dann die Diskussion über den Film. Anschließend geht es um die Ausreise von L. und dieser informiert seine Besucher ausführlich über den Sachverhalt.

P. entgegnet auf die Äußerungen von L., so neu ist das doch gar nicht. Bei seinen früheren Visa stand immer »einmalig«, und das andere war gestrichen. L. widerspricht jedoch, das waren doch nur kurze Reisen von einigen Tagen. Hier geht es aber um Jahre. Er sagt in dem Zusammenhang etwas von Jurek B e c k e r.

Es wird von S c h l e s i n g e r gesprochen. P. hat ihn vor drei Tagen gesehen. Voller Empörung berichtet P., daß er, der älteste Sohn von Sch. und B e t t i n a an unterschiedlichen Tagen nach Ostberlin gefahren sind und alle drei bei der Kontrolle bis aufs Hemd ausgezogen worden sind. Und das sowohl bei der Aus- als auch bei der Einreise. L. ist der Meinung, das ist jetzt die Tendenz. Man will das Hin- und Herfahren einschränken.

20.00 Uhr: Die Unterhaltung ist im gleichen Personenkreis noch im Gange. Es ist von Schauspielern die Rede, wobei L. auch etwas von Manfred K r u g erzählt, der sich nicht mehr als DDR-Schauspieler sieht, sondern von den Journalisten damit in Ruhe gelassen werden will. L. hat dies von einem Journalisten erfahren, mit dem er sich gestern unterhalten hat.

Vor 21.00 Uhr verabschieden sich Frau H a n k e sowie P l e n z d o r f und seine Begleiterin.

110

Zurück bleibt noch Ralf S c h r ö d e r.

Auf eine unverständliche Bemerkung von ihm ermahnt ihn Frau L. sehr bestimmt, darüber soll Sch. mal mit dem Erich überhaupt nicht reden. Er fährt am Freitag rüber, und er hat es sehr schwer. Wenn Sch. davon anfängt, wird Erich sehr böse, weil er ja hier nicht freiwillig weggegangen ist. Deshalb kann man nicht sagen »Bleib ein Leipziger« oder etwas in dieser Richtung.

Sie läßt Sch. kaum zu Wort kommen, der dauernd etwas erwidern will. Er spricht dann von Ausbürgerung, aber die L. betont, es ist doch für drei Jahre. Und Sch. weiß genauso wenig wie sie, was in drei Jahren ist. Sch. versteht und sieht ein, daß E. gehen muß und seine Sachen machen muß, und er sagt in dem Zusammenhang etwas von »Erdrutsch«.

Die L. führt aus, er wird auch drüben Erich Loest bleiben, und er wird sich ganz bestimmt sein Rückgrat nicht brechen lassen. Aber Sch. denkt, die lassen ihn nicht zurück. Die L. drängt ihn wieder, davon heute abend kein Wort zu sagen. Erich wird dann ganz böse, und es kann sein, daß er Sch. rausschmeißt. Weil er sich ganz einfach daran klammert, daß er eines Tages wieder hierher kommt.

L. kommt jetzt ins Zimmer, er holt noch etwas zu essen. Während L. nochmals hinausgegangen ist, unterhält sich Sch. mit Frau L. weiter. Er will wissen, warum sie nicht mit Erich zusammen geht, vor allem, weil doch damit zu rechnen ist, daß er nicht wieder zurückkommen kann nach den drei Jahren. Die L. erklärt ihm, daß das alles abgesprochen ist. Bei Erich ist es so, daß er hier seinen Beruf nicht richtig ausüben kann, und er ginge kaputt, wenn er hierbleiben müßte. Das ist doch bei ihr anders, da die Kinder da sind und ihre Eltern.

F. d. R.
Hptm.

BV für Staatssicherheit Leipzig, 31. März 1981
Abteilung XX 7/str.-wei/Tel. 2489

Ministerium für Staatssicherheit
HA XX
Genossen Generalmajor Kienberg

<u>Berlin</u>

<u>Loest, Erich</u>

Der durch unsere DE im OV »Autor« operativ bearbeitete feindlich-negative Schriftsteller

> Loest, Erich
> geb. am 24. 2. 1926 in Mittweida

verließ am 20. 3. 81 unter Inanspruchnahme seines genehmigten 3-jährigen Ausreisevisums die DDR und hält sich in Osnabrück auf.

Durch inoffizielle Quelle ist bekannt, daß sein Hetzroman »Spurensicherung«* im August 1981 durch den Verlag »Hoffmann und Campe« Hamburg in der BRD herausgegeben wird.

Aus diesem Grunde bitten wir um die Vorbereitung grundsätzlicher Entscheidungen durch die zuständigen zentralen Organe, wie staatlicherseits auf die Veröffentlichung reagiert wird und welche rechtlichen Sanktionen gegen Loest eingeleitet werden, wenn er entsprechend der gesetzlichen Regelungen in die DDR ein- und wieder ausreisen will.

Leiter der Abteilung
Wallner
Oberstleutnant

---

* Neuer Titel: »Durch die Erde ein Riß«.

<u>Sachstandsbericht zum OV »Autor II«[*]</u>

Name, Vorname: L o e s t , Erich
Parteizugehörigkeit: SED ausgeschlossen 1958
Organisationen: SV der DDR, Austritt 1980
Vorstrafen: 1958 wegen Staatsverrat $7^{1}/_{2}$ Jahre FE
im MfS erfaßt: im OV »Autor II« – Reg.-Nr. XIII 848/78
                       gemäß §§ 100/106/107 StGB

Feindliche Aktivitäten des Verdächtigen im Zeitraum
1.1.81 bis 20.3.81

1. Das Zusammenwirken L. mit äußeren gegnerischen Kräften

Im Berichtszeitraum war seitens des Verdächtigen eine Intensivierung der Zusammenarbeit mit äußeren gegnerischen Kräften kennzeichnend.

Am 29.12.80 reiste nach vorheriger Ankündigung der uns als langjähriger, vertrauliche Verbindungsperson des L. bekannte, Germanistikprofessor Heinrich Mohr in die DDR ein. Wesen und Funktionen seiner subversiven Tätigkeit wurden in der Operativinformation 45/79 herausgearbeitet.

Durch operative Kontrollmaßnahmen der Abt. 26 und das Zusammenwirken der Abt. XX, XV, VIII, II und der KD Grimma sowie inoffizieller Kräfte, konnten folgende Aktivitäten des Mohr dokumentiert werden:

Am Tag der Einreise (29.12.80) wurde Mohr durch Loest mit dem 2. Sekretär der USA-Botschaft, David-Edward Keeton (operativ bearbeitet durch die HA II – Deckname »Rotbart«),

[*] Auszug. Dieser Bericht ist elf Seiten lang. E. L.

der sich zu diesem Zeitpunkt noch zu Besuch bei Loest aufhielt, bekanntgemacht. Durch die Abt. 26 B konnten keine operativ-relevanten Hinweise über die geführte Unterhaltung erarbeitet werden.

M. interessierte sich für die Adresse des uns bekannten Rainer Haarmann, der eine wesentliche Mittlerrolle bei der Ausschleusung von Manuskripten des Loest über den kontrollbefreiten Weg der Ständigen Vertretung der BRD spielte. L. gab M. die Adresse, welcher diese konspirativ verschlüsselte...

Im Berichtszeitraum kam es außer einer Lesung zu keinen öffentlichkeitswirksamen Aktivitäten des »Autor«. Die Lesung fand am 31. 1. 81 in der Reformierten Kirche (durch die Vermittlung von Pfarrer Sievers) statt. L. schätzt die von ca. 150 Personen besuchte Veranstaltung als Erfolg für sich ein.

2. Aktivitäten des Verdächtigen bezüglich seiner 3-jährigen einmaligen Aus- und Einreise

Durch zentrale Partei- und Staatsorgane wurde die Entscheidung getroffen, dem Verdächtigen eine auf 3 Jahre befristete Ausreise zu genehmigen.

Entsprechend den politisch-operativen Erfordernissen wurde dem L. ein 3-jähriges Visum ohne wiederholte Ein- und Ausreisemöglichkeit gegeben, obwohl eine staatsrechtliche Grundlage dafür nicht vorhanden ist.

Offensichtlich gehen die zentralen Organe davon aus, daß L. über die detaillierte Rechtslage nicht informiert ist. L. wurde von der Ausreisegenehmigung durch den stellv. Kulturminister Gen. Höpcke in Kenntnis gesetzt.

Der Genehmigung des Ausreiseantrages ging ein Schreiben des Verdächtigen an Genossen Honecker voraus. Nach der Genehmigung in der o. g. Art und Weise richtete L. ein erneutes Schreiben an den Staatsratsvorsitzenden, mit der Bitte um Erhalt der mehrmaligen Ein- und Ausreisemöglichkeit. Dem wurde nicht stattgegeben.

Die Durchschläge des Briefwechsels mit Genossen Honekker gab »Autor« dem erwähnten BRD-Korrespondenten Bussiek bei dessen Ausreise mit, um sie eventuell später bei publizistischen Arbeiten verwenden zu können.

Im Zusammenhang mit seiner Ausreise verabschiedete sich L. von folgendem Personenkreis: Familie Strube (OV »Philosoph« der KD Grimma), Peter Gosse (OPK »Gully« XX/7 Leipzig).

Desweiteren bat er um Übermittlung von Informationen zwecks seiner Ausreise an Heiduczek, Werner (OV »Schreiber« XX/7 Leipzig), Tetzner, Gerti (OPK »Karen« XX/7 Leipzig).

Durch die Abt. M wurden Hinweise über pessimistische Abschiedsgedanken bekannt, so deutete er u. a. gegenüber dem Weimaer Schriftsteller Armin Müller an, daß es für ihn kein Zurück in die DDR gibt.

Am 20. 3. 1981 verließ der Verdächtige die DDR über die GÜSt Öbisfelde.

3. Geplante Aktivitäten während seines Aufenthaltes in der BRD

Über geplante Vorhaben und Aktivitäten des Loest in der BRD konnte folgendes erarbeitet werden:

Nach seiner Ausreise am 20. 3. 81 wird er zunächst nach Osnabrück fahren. Anschließend will er seinen Verlag »Hoffmann und Campe« in Hamburg aufsuchen, um seinen Vertrag hinsichtlich des Hetzromanes »Spurensicherung« zu realisieren, welcher im August 81 erscheinen soll.

Weiterhin plant L. mit Hilfe der DVA Stuttgart eine Publikation herauszubringen, in der er detailliert über die Maßnahmen staatlicher Organe in der DDR gegen sein Handeln berichten will. Als Grundlage dient ihm dazu eine seit längerer Zeit geführte Dokumentation (Schriftverkehr mit Verlagen, staatlichen Organen, persönlichen Notizen usw.). L. beabsichtigt, bekannte Persönlichkeiten in der DDR offen anzugreifen.

Desweiteren will L. in der BRD die uns bekannten Verbindungspersonen des Medienbereiches K l u n k e r , Heinz, G i o r d a n o , Ralph, R ü h l e , Jürgen aufsuchen, um sich und seine Werke umfassend vermarkten zu können.

Ergänzend zu den geplanten Aktivitäten des L. in der BRD ist hervorzuheben, daß er sich nicht im Rahmen der »gesamtdeutschen« Kulturarbeit (Teilnahme an entsprechenden Tagungen, Mitarbeit in diesbezüglichen Gremien) engagieren will, sondern vorrangig durch finanziell lukrative Lesungen für Rundfunk, Fernsehen und Veranstaltungen seine Basis in der BRD ausbauen wird.

Ungeachtet dieser Verhaltenslinie veröffentlichte der Verdächtige nach seiner erfolgten Ausreise in die BRD einen provokatorischen Artikel in der Zeitschrift »Die Zeit« (27. 3. 81) unter der Überschrift »Der Minister hat gelogen«.

Loest verunglimpft darin Gen. Höpcke und die von ihm durchgeführten Maßnahmen zur Realisierung des Ausreiseantrages von Loest.

Leisek
Leutnant

Stellv. Referatsleiter
Strenger
Oberleutnant

Leiter der Abteilung
Wallner
Oberstleutnant

Quartalseinschätzung III/81

OV »Autor II«   Reg.-Nr. XIII 848/78
Delikt: §§ 100, 106 und 107 StGB
Name: Loest, Erich (DDR)
gültiger Operativplan September 1978 mit Ergänzung vom
15. 4. 1979
OV-SPB

Der Verdächtige realisierte im Berichtszeitraum seine geplanten Vorhaben mit Verlagen und Massenmedien der BRD. Am 6. 9. 1981 signierte er sein beim Verlag »Hoffmann und Campe« Hamburg am 21. 9. 1981 (laut Ankündigungskatalog) erscheinendes Buch »Durch die Erde ein Riß« – (Erstauflage 10 Tausend Stück).

Loest beabsichtigt laut inoffiziellen Hinweisen, Exemplare dieses Buches an seine Rückverbindungen in die DDR zu schicken.

Operativ-relevante Hinweise über Rückverbindungen des Verdächtigen in der DDR konnten nicht erarbeitet werden.

Eingesetzte IM: mittelbar: IM »Herbst« Abt. XX/7
                          IM »Lehrer« Abt. XV
        unmittelbar: IM der Abt. II BV Leipzig

Nach Erhalt eines Exemplares von »Durch die Erde ein Riß« wird das Buch zwecks Erarbeitung einer offiziellen Einschätzung bzw. Gutachtens bezüglich seiner staatsfeindlichen und politisch negierenden Aussagen der HA XX des MfS zur Verfügung gestellt.

Auf der Grundlage dieser offiziellen Einschätzung ist durch die ständigen zentralen Staatsorgane eine Grundsatzentscheidung zum weiteren Verfahren mit Loest und seinen Aktivitäten zu treffen.

Strenger
Oberleutnant

Leiter der Abteilung
Wallner
Oberstleutnant

III

Nachspiele

Ein Jährchen lebte ich in Osnabrück, da rief eines Tages ein Bekannter aus alten Leipziger Tagen an, er wäre in Hildesheim bei einem Vetter, hätte einen Foto-Auftrag in den Niederlanden zu erfüllen – dürfe er vorbeischauen? Aber ja! rief ich erfreut. Das war 1982.

Er blieb ein paar Tage. Zum ersten Mal war er im Westen, und so mühten wir uns, ihm soviel wie möglich zu zeigen. Wir nahmen ihn zu Freunden mit und luden Freunde zu uns, redeten über Leipzig und Osnabrück und die Welt. Zeitungen hatte er mir mitgebracht und einen Kasten heimischen Bieres. Er übernahm den Abwasch und erledigte Botengänge, ein angenehmer, pflegeleichter Gast.

Dann fotografierte er in Amsterdam und Delft, und als er wieder in Leipzig war, schrieb er seitenlange Berichte über mich und mein Befinden für die Stasi. Ich ginge in der bisherigen DDR-feindlichen Art meiner schriftstellerischen Tätigkeit nach, hieß es da, hielte mich jedoch von Vertriebenenverbänden und revanchistischen Organisationen fern. Die Kontakte zu meinen früheren Gefährten in der DDR hätten sich auf Postkartengrüße reduziert. Sodann berichtete der Mann, der bewährte IM »Bernd«, über meinen neuen Umgangskreis, auch über den sattsam bekannten Professor Mohr. Der Spitzel kam wieder, meine Freunde wurden die seinen und besuchten ihn in Leipzig. Auch seine Frau fanden sie angenehm und gastfreundlich – gegenseitige Kontakte erstreckten sich bis in den Sommer 1990 hinein. Dann erst wurde offenbar, was »Bernd« getrieben hatte.

Nachdem er wußte, daß er aufgeflogen war, kam er sofort zu mir. »Du kannst mir auch gleich eine runterhauen«, sagte er schon an der Tür. Ich wußte nicht, ob ich diesen Besuch als dreist oder mutig ansehen sollte. Vielleicht wollte »Bernd« vor allem testen, wieviel ich wußte. Eine Viertelstunde redeten wir, ehe ich ihn wegschickte. Seine Frau hätte nichts von alldem gewußt – das behauptet so ziemlich jeder, auch wenn man gar nicht danach fragt. »Ich wollte eben auch mal raus«, war ein entschuldigendes Argument. »Und denk nicht, daß sie uns gut bezahlt haben.« Und er fügte an, was auch andere sagen und womit sie recht haben: »Damit muß ich nun leben.«

Nach und nach reiste meine Familie aus, meine Frau, drei Kinder, zwei Schwiegerkinder und zwei Enkel. Wir trafen uns jeweils in Gießen im Lager, ich lud die Ankömmlinge zum Italiener um die Ecke, sprach ihnen Mut zu und gab Tips.

Am 28. Juli 1982 schrieb Major Tinneberg den Abschlußbericht zum Operativen Vorgang »Autor II«. In kurzer Form listete er meine Vergehen nach den Paragraphen 106, 107 und 100 StGB auf.

»Durch die operative Bearbeitung konnten wertvolle umfangreiche Erkenntnisse über die Arbeitsweise und Zielstellung dieser äußeren gegnerischen Kräfte und des Mißbrauchs ihrer bevorrechteten Stellung erarbeitet werden. Sämtliche Informationen wurden über die Abteilung II unserer BV den zuständigen Abteilungen der HA II übermittelt. Eine offizielle Auswertung konnte aus Gründen der Konspiration nicht erfolgen (fast alle bedeutsamen Informationen sind durch IM der Abteilung 26 erarbeitet worden).

Seitens der angeführten äußeren gegnerischen Kräfte wurde Loest ständig gedrängt, seine seit 1975 erfolgte offene Konfrontation gegen die Kulturpolitik der DDR zu eskalieren und entsprechend der gegnerischen Zielstellung wirksam zu werden.

In der BRD entwickelt Loest nach den vorliegenden Erkenntnissen keine Aktivitäten zur Zusammenarbeit mit bekannten Feindorganisationen. Sein Bestreben gilt ausschließlich der Sicherung weiterer Einnahmen aus seiner schriftstellerischen und publizistischen Tätigkeit. In den bekannt gewordenen Veröffentlichungen vertritt Loest seinen DDR-feindlichen Standpunkt.

Alle Informationen sagen aus, daß L. nicht wieder in die DDR zurückkehren wird, so daß ein erneutes Wirksamwerden als gegnerischer Stützpunkt in der DDR ausgeschlossen werden kann. Er gehört auch nicht zu den Personen, die entsprechend der Aufgabenstellung der HA XX/5/IV zur Bearbeitung ehemaliger DDR-Bürger weiterhin vorgangsmäßig zu bearbeiten sind.«

Ganz zuletzt heißt es dann:

»Da im Ergebnis der 1980/81 erfolgten Maßnahmen die feindliche Wirksamkeit des L. im SPB wesentlich unterbunden wurde und gegenwärtig keine diesbezüglichen neuen Aktivitäten von L. ausgehen, wird der OV abgeschlossen und in der Abt. XII gesperrt archiviert. Loest bleibt für unsere Diensteinheit erfaßt.«

Sie waren mich los, ich war sie los. Nur noch einmal, im November und Dezember 1988 wurde Tinneberg gegen mich tätig, als ich mit einer Lehrergruppe aus der Nähe von Freiburg für eine Woche Leipzig besuchte, da heftete er abermals seine Späher an meine Fersen.

Was macht Tinneberg jetzt?

Während ich im Sommer 1990 mit 300 Seiten überprüfter Stasi-Kopien von Leipzig zurück an den Rhein fuhr, fühlte ich mich aufgewühlt, wütend und traurig. Die Heldenstadt Leipzig war für mich zur Spitzelstadt geworden. Ein Stück Biographie, »Der Zorn des Schafes«, war so gut wie fertig, nun schnitt ich Stasi-Material als Spiegel, Echo und Kontrast ein. Es war eine bedrückende und widerwärtige Arbeit.

Ich las und kombinierte, holte Vergessenes aus Hirnwindungen, beriet mit meiner Frau und meinen Kindern. Der? Das kann doch nur der gewesen sein. Aber dafür und dafür kommen zwei, drei in Frage. Aber der doch nicht, und die auf keinen Fall!

Ich schrieb einen Brief nach Leipzig:

Herr Billmann,*
Ihre Lage ist in der Tat alles andere als gut, und ich kann verstehen, daß Sie erschrocken sind, mich im Radio über meine Akteneinsicht zu hören.

Ich wurde durch die Abteilung XX observiert, Sie wurden von der Abteilung XV herübergeschickt, ausgeliehen also. Was Sie dort getrieben haben, ist nicht mein Problem, ich möchte

---

* Namen geändert. E. L.

natürlich wissen, was Sie über mich berichtet haben. Da kommen Sie immer dem Wick* (»Bernd«) in die Quere. Wußten Sie, daß auch der?

Natürlich sind Sie für mich einer am Rande, mir geht es z. Z. mehr um Höpcke, M. W. Schulz und Pfeiffer. Doch möchte ich jetzt schon wissen: Haben Sie mein Manuskript »Durch die Erde ein Riß« weitergegeben, oder war's Wick? Nachdem ich weg war, haben Sie meine Frau weiter bespitzelt. Der sollten Sie künftig aus dem Weg gehen, wg. Anspucken.

Am besten für Sie, Sie schreiben mir mal, wie das alles so gekommen ist, damit ersparen Sie mir viel Zeit und Kosten. Und zum Gen. Bols hab ich noch gar keinen Draht. Sie?

Die Antwort kam sofort:

Verehrter Herr Loest,
ich kann nicht glauben, daß Sie mir diesen Brief schrieben. Ich bin nicht in der Lage zu glauben, daß Sie auch nur eine Sekunde lang solche bodenlose Gemeinheiten glauben können. Es ist nicht möglich.

Bis zur letzten Sekunde unseres Abschieds bin ich Ihnen und Ihrer Frau immer ehrlich zugetan gewesen und habe Sie hochgeschätzt als Literat und Mensch. Ich erkläre das hiermit an Eides statt.

Und ich erkläre hiermit weiterhin an Eides statt, daß ich keine Abt. XV, keinen Wick und keinen Bernd jemals gekannt habe noch kenne. Ich habe niemals im Leben auch nur ein Wort mit solchen Leuten gewechselt, es sei denn, unbewußt und ohne Kenntnis. Mag sein, daß ich Ihr Manuskript damals dem unterdessen verstorbenen Kahle*ausgeliehen habe, gewiß aber mit Ihrer Genehmigung.

Ich habe Ihr Interview überhaupt nicht mit Schrecken gehört, sondern vielmehr mit großer Freude.

Ich erkläre auch an Eides statt, daß ich keinen Bols kenne. Ich habe diesen Namen nur im Zusammenhang mit Schnaps gehört. Ich weiß auch nicht, wer der Lehrer sein soll, ich zergrüble mir den

---

* Namen geändert. E. L.

*Kopf, ob ich überhaupt einen Lehrer im Leben kannte oder
kenne.*

*Ich kann einfach nicht glauben, daß Sie es übers Herz gebracht
haben, einem lauteren echten Demokraten und Freund mit
Anspucken zu drohen. Vor lauter Scham treten mir Tränen in die
Augen, so daß ich nicht mehr weiterschreiben kann.*

Weiter im Briefwechsel:

Herr Billmann,
ich bringe es nicht fertig, Sie versöhnlicher anzureden. Zu tief
sitzt der Stachel. Andererseits: Sie wehren sich vehement, das
beeindruckt mich.

Die Stasi hatte Sie ausersehen, über mich zu berichten, das
ist erwiesen. Hat sie es dann nicht getan? Das wird herauszu-
kriegen sein. Dann folgen Indizien – wenn nicht Sie, dann ein
anderer, den ich viel länger kannte, der mir viel näher stand.
Jetzt sollten Sie wirklich genau nachdenken, ob Sie mein
Manuskript »Durch die Erde ein Riß« dem Fotografen Wick
wiedergegeben haben, nachdem Sie es von ihm hatten, oder
Sie hatten es von mir und gaben es ihm? Bei Wick ist alles klar,
der hat mich noch in Osnabrück ausgeforscht.

Meinen Verdacht gegen Sie habe ich nicht verbreitet, da können Sie sicher sein. Was sich auch immer herausstellt, ich
werde Sie nicht an den Pranger stellen. Mir geht es um Höpcke,
Keller, M.W. Schulz und ein paar andere. Im SPIEGEL wird
demnächst zu lesen sein, und dann im Buch »Der Zorn des
Schafes«. Sie kommen nicht vor und kämen nicht vor, wie sich
die Sache auch noch bis zum Ende klärt.

Kann sein, ich stehe eines Tages mit einer Pulle Sekt vor
Ihrer Tür, um Verzeihung heischend. Und für Ihre Frau hätte
ich ein paar Blumen dabei.

Bitte denken Sie noch einmal kräftig nach.

Ich setzte Steinchen zu Steinchen, und es stellte sich heraus,
nicht dieser Mann hatte meine Frau am Abend ihres Geburts-
tages in der Küche befragt, nicht er hatte das Manuskript von
»Durch die Erde ein Riß« zum Geheimdienst getragen, der

durch einen »bewährten Spezialisten-IM« ein haarsträubendes Urteil anfertigen ließ, sondern einer, der seit fast drei Jahrzehnten zum engsten Freundeskreis gehörte. Nachdem ich am 24. April 1990 vor dem Obersten Gericht der DDR freigesprochen worden war, überreichte er mir abends im Hotel »Merkur« in Leipzig, wohin ich ihn zu einer kleinen Siegesfeier geladen hatte, eine langstielige rote Rose. Wenn wir von einem besonders lustigen Fest aus alten Tagen schwärmen werden, kann der Stachel nicht ausbleiben: Er war dabei. Wir blättern im Fotoalbum: Da ist er. Wir werden uns an meinen 55. Geburtstag erinnern; die Obhut war dreifach: »Bernd« fotografierte meisterlich, »Lehrer« berichtete, und die Wanze war immer dabei.

Schließlich war es klar: Nicht Billmann war der Strolch, sondern dieser andere. Da schrieb ich einen Entschuldigungsbrief an Billmann und widmete ihm »Der Zorn des Schafes«; ich glaube, ich scheute das Wort Demut dabei nicht.

Er antwortete mir:

Leipzig, 21. 9. 90

Lieber Herr Loest,
ich danke Ihnen sehr für Buch und Brief. Also alles klar. Darüber bin ich auch froh. Vielleicht haben meine Briefe dazu gedient, diesen Scheißlehrer unter Druck zu setzen und diese endgültige Klärung zu bringen. Damit wäre ich sehr zufrieden.

Jetzt bin ich beim vorletzten Absatz Seite 125 angekommen: Es könnte einem das große Kotzen kommen.

Ich akzeptiere Ihren Zorn, den gewiß niemand genau nachfühlen kann, und ich nehme Ihre Entschuldigung gerne an, obschon mir die ungeheure Voreiligkeit ein Geheimnis bleiben wird.

Nochmals Dank und viele Grüße!

Aus dem Ostseebad Ahrenshoop schrieb Freund und Kollege Wolfgang Schreyer:

Lieber Erich,
Dank für Deine Zeilen vom 16. und den »Zorn des Schafes«, dieses so sauber und prächtig hergestellte Buch. Und, ich schob anderes beiseite und las es gleich aus, der Inhalt entspricht dem Äußeren.

Glückwunsch! Das Stasi-Zeug gibt ihm den letzten Pfiff. Da müssen ein paar böse Überraschungen für Dich dringewesen sein. Den Gummi-Künne hab ich noch als hübschen jungen Mann in Erinnerung, von einer Tagung in L. Anfang der 50er. Wen vermutest Du hinter »Burkhard«?

Höpcke hat natürlich berichtet, ob seinem Minister oder der Firma direkt bleibt offen, und Weisungen befolgt. Zumindest seit den 80er Jahren und speziell nach Gorbis Erscheinen war er nicht mehr der Scharfmacher aus den 60ern. Mein »Sechster Sinn«, gegen den sich G. drei Jahre wehrte, verdankt ihm das Erscheinen. Auch für Volker Braun, Fühmann und Strittmatter hat er sich eingesetzt – zuletzt sogar, als PEN-Mitglied, für Havel . . . Laß mir meinen Höpcke, und ich lasse Dir Deinen KuBa, der ein unangenehmer Kollege war, bevor er – laut H. A. Perten drüben »in offener Klassenschlacht fiel«.

Gibt es eigentlich in den Kopien Hinweise auf unseren Kontakt, und auf Deine zwei Besuche hier oben '78 und '79? Unterm Rohrdach des Rates der Gemeinde (von 900 Seelen) saß in der Dachschräge, wie uns der neue Bürgermeister kürzlich enthüllte, immer ein Lauscher, der das Ortstelefon anzapfte. Und als Ingrid und ich einen Aufruf des Ribnitzer Neuen Forums Mitte Oktober als erste unterschrieben, lag die Kopie der Liste, mit zuletzt 100 Namen, schon am nächsten Tag der 50-Mann-Diensteinheit im Kreisstädtchen vor. 24 Jahre ist's her, daß der Kollege Otto den örtlichen Kulturbundsekretär fragte, na wie geht's, und der Mann erwiderte: Die Lage ist kompliziert – Heym bei Schreyer! Der Fehler des MfS war, bei aller Perfidie der »Zersetzung« von Kontakten bis tief ins Private hinein, die bürokratisch-korrekte Haltung; sie spricht auch aus dem ganzen von Dir veröffentlichten Material. Der polnische Geheimdienst, und manch anderer in Ost und West, hätte negativen Leuten z. B. das Schilfdach angezündet, ein Streichholz nach Mitternacht hätte mehr bewirkt als all die Maßnahmepläne.

Erreicht man Dich nun eher in Leipzig oder Bonn? Weißt Du, Deine Botschaft hat mich aufgemuntert.

Como siempre, Dein

Wolfgang

Erich Loest, Pützfelder Weg 23, 5300 Bonn 2

Wilfried*,

Du wirst Dir denken können, wie erschüttert ich war, als ich erfuhr, daß Du als Stasi-Spitzel gearbeitet und u. a. mich ausgeschnüffelt hast. Und deine Frau »Richard Moritz« war mit im Bunde. Damit Du nicht glaubst, ich klopfe auf den Busch, lege ich Dir drei Kopien bei, ich könnte mit mehr dienen. Ich würde weit anders handeln, wüßte ich nicht, daß Deine Frau später Schwierigkeiten mit der Stasi bekommen hat, sie war nicht zuverlässig genug.

Fragen: Was heißt IM, was heißt IMS? Du wirst mal so, mal so genannt. Was ist aus der Mitarbeit Deiner Frau geworden? Hat sich das MfS beim Zusammenbruch von Euch verabschiedet, Euch angewiesen in irgendeiner Weise? Ich habe da gegensätzliche Informationen.

Willst Du den Mann nennen und schildern, der Euch geführt hat? Major Tinneberg saß wohl weit oben, Oblt. Claus könnte es gewesen sein. Hptm. Rapitza war der Mann der Abt. 26, der für die Wanzen verantwortlich war. Du tatest schon gut daran, einmal einen Spaziergang vorzuschlagen, denn auch Du standst bei mir unter Kontrolle.

Ich habe eine Zeichnung unserer Wohnung Schönbachstr. 34 – von Dir?

Kannst Du sagen, wer IMV »Frank« war? Vermutlich Künne. Was heißen IMV und GMS?

Ich habe Annelies unterrichtet, sie war erschüttert. Ich werde vorerst keinen weiteren Gebrauch von meinen Kenntnissen machen. Bitte bestätige mir sofort meinen Brief und beantworte dann umgehend und gründlich meine Fragen.

Erich

Erich,
Dein Brief ist bei mir eingetroffen.
Ich werde ausführlich, offen und so exakt wie möglich antworten, weil ich mich schon seit langem schäme, über Jahre einem

---

* Name geändert. E. L.

Apparat gedient zu haben, der gegen meine eigenen Interessen gearbeitet hat.

Wilfried

Leipzig, am 16. Juli 1990

PS.
Mit meiner Frau habe ich über Deinen Brief noch nicht gesprochen. Sie ist psychisch am Ende. Seit unserer Heirat hat es von ihr keine Kontakte zur Stasi mehr gegeben.

*

Leipzig, 17. 7. 1990

Erich,
zuerst will ich Deine Fragen beantworten. Ich habe versprochen, offen, ausführlich und exakt alles darzulegen. Zu den Fakten füge ich eine Erklärung hinzu. Sie soll meine Haltung erläutern. Ich bitte Dich, sie zu lesen.

Zu den Fragen:
1. *Erst aus Veröffentlichungen nach dem Oktober ist mir die Kürzung IM bekannt. So wurden informelle Mitarbeiter bezeichnet. Die Abkürzungen IMS, IMV und GMS kenne ich nicht.*
2. *Ruth* weiß erst seit gestern von Deinem Brief. Sie versichert – und ich zweifle nicht eine Minute –, daß sie nach der Unterschrift keinen Bericht geschrieben hat. Ich nehme die Schuld auf mich, ihr geraten zu haben, dem Drängen des Stasi nachzugeben. Durch Silvias* Geburt war dann tatsächlich Ruhe. Zuvor war Ruth befragt worden, wie das allgemein üblich war. Das aber liegt 15 Jahre zurück.*
3. *Ich habe nie von mir aus Informationen und Berichte angeboten. Allerdings habe ich mich auch nicht gebotenen Treffen widersetzt. Schriftliche Berichte, die dabei üblich waren, schrieb ich entgegen Stasi-Regeln bereits vorher.*
4. *Vom Stasi, der Nachfolgeorganisation oder einem Mitarbeiter gibt es keine Anweisungen. Bei Ruth ergibt sich das bereits aus ihrer Abstinenz. Mehr aber noch aus ihrer weitaus konsequenteren Haltung. Für mich selbst kann ich nur sagen, daß seit Anfang der 80er Jahre keinerlei Kontakte zu Stasi-Mitarbeitern*

---

* Namen geändert. E. L.

mehr bestanden haben. Die exakte Jahreszahl kann ich nicht angeben. Hier trifft wieder Ruths Vorwurf voll zu, daß ich immer wieder versuche, Unangenehmes zu verdrängen.

5. *Zu den Familiennamen der Männer, mit denen ich mich traf, kann ich nichts Verbindliches sagen. Mein Kontaktmann hieß mit Vornamen Bernd, sein nur selten mit anwesender Vorgesetzter Jürgen. Als SED-Mitglieder haben wir uns nur mit Vornamen angeredet. Bei längerem Nachdenken kann zu Bernd der Familienname Heinig gehören (er war meines Wissens, das ging aus Gesprächen hervor, für Verlage zuständig). Der Name Tinneberg kommt mir bekannt vor. Doch kann das in einem anderen Zusammenhang haften geblieben sein. Der Name kann aber auch zu Jürgen gehören. Falls es etwas nutzt: Ich habe vor einigen Tagen mein altes Telefonverzeichnis gefunden, in dem unter Jürgen eine Hausapparatnr. steht. 2488. Vielleicht kann danach noch etwas festzustellen sein. Die Aufzeichnungen im Buch stammen allerdings von etwa 1978. Bernd war auch zur Dokumentar- und Kurzfilm-Woche eingesetzt. Ich habe ihn dort gesehen, aber keinerlei Kontakte mit ihm gehabt. Vom Alter her waren beide etwa Anfang/Mitte 30. B. war schlank und groß. J. etwas kleiner und älter. Beide hatten dunkles volles Haar, konnten die Sachsen nicht verleugnen.*

6. *Eine Zeichnung Deiner Wohnung angefertigt zu haben kann ich mich nicht erinnern. Ich habe mir darüber den Kopf zermartert, aber kann es nicht bestätigen. Bei unserem einzigen Besuch in der Schönbachstraße hielten wir uns im Wohnzimmer und in der Küche auf. Die übrigen Räume hat uns Annelies gezeigt. Ruth scheidet auf jeden Fall aus. Die Raumverteilung habe ich genannt.*

7. *Ich hatte es stets abgelehnt, zu weiteren Leuten als den Genannten (Bernd/Jürgen) Kontakt zu haben. Ich habe mich auch dem Ersuchen verschlossen, als Zwischenglied zu anderen Informanten zu fungieren. Deshalb kann ich nichts über andere in Deiner Akte mit Decknamen angeführte Personen schreiben. Heute weiß ich, daß ich damals einen Bruch mit allen sich daraus ergebenden Konsequenzen hätte vollziehen müssen.*

Das zu Deinen Fragen.

Wilfried

Das Folgende wird kein Rechtfertigungsversuch sein. Die über einen längeren Zeitraum schmerzhaft gewonnenen Kenntnisse und Erkenntnisse machen einen solchen Versuch auch sinnlos. Aber vielleicht hilft es Dir (und mir), zu urteilen.

Du weißt, daß ich zwischen 1955 und 1957 Uniform getragen habe. Seit dieser Zeit stand ich – so wurde mir später gesagt – auf der »Kandidatenliste«. Die von mir abgegebene Verpflichtung datiert allerdings aus einem anderen Jahr. Die Gründe dafür liegen um die Jahreswende 1957/58. Nach dem XX. Parteitag sah ich – aus heutiger Sicht ungerechtfertigt – eine Möglichkeit, auf Entscheidungen durch Informationen Einfluß zu nehmen. Vielleicht war das zu diesem Zeitpunkt auch möglich. Weil es Annelies und die Kinder betrifft, will ich mich nicht weiter dazu äußern. Es könnte in die Nähe eines Rechtfertigungsversuchs kommen. Soll es aber nicht.

Mitte der 60er Jahre war über einen längeren Zeitraum eine absolute Pause in den Kontakten.

Auch zwischen Euch und mir hatte sich die Verbindung gelockkert. Ich mußte jedoch erfahren, daß »man« von jedem Kontakt Kenntnis hatte, ohne über inhaltliche Fragen informiert zu sein.

Meine Absicht war, Dich ständig zu bewegen, hier im Lande zu bleiben. Die Gründe meines Bleibens hatte ich Dir bei unserem Spaziergang im Park genannt. Es wäre das auch der Ort und Zeitpunkt gewesen, offen alles vor Dir auszubreiten und zu bekennen. Diese Anklage von Ruth heute, ist berechtigt, bohrt und davor kann nicht weggelaufen werden.

Der immer größer werdende Zwiespalt zwischen meinen Idealen und der Wirklichkeit hat mich mit untauglichen Mitteln versuchen lassen, von innen heraus etwas zu bewegen.

Es war nie meine Absicht, Annelies oder Dich in irgendeiner Form zu belasten. Objektiv ergibt sich aber, daß allein die Bestätigung dem Stasi bereits bekannter Fakten durch einen Dritten gegen Euch ausgenutzt werden konnte. Ich denke da an Deine Buchpläne, an die finanzielle Lage und die Skatrunde am Stammtisch, deren Zusammensetzung genau bekannt war.

Gebohrt mit Fragen wurde bei Zusammenkünften nach Deinem Familienleben, nach Freundinnen. Meine Auskünfte dazu kennst Du ja aus den Akten.

Die letzte Zeit vor Deiner Abreise hat es schon keine Kontakte mehr gegeben. Es wurden auch keine Versuche mehr unternommen, mich zu befragen. Die selbsterfolgte Abschottung, die Konzentration auf die Familie ließen mich manches verdrängen. Jetzt hat es mich eingeholt.

Ich hatte Dir in der Bestätigung Deines Briefes geschrieben, daß Ruth von ihm keine Kenntnis hat. Sie hat inzwischen alles gelesen; der Schock ist unbeschreibbar! Das besonders deshalb, weil ich sie in diese Lage gebracht habe. Jetzt – unter dem Eindruck Deines Briefes – ist sie völlig verzweifelt, will niemals wieder öffentlich wirken. Sie hat den Leiter informiert und gebeten, sie als Putzfrau zu beschäftigen. Wenn ich eine Bitte trotz allem äußern darf, antworte ihr auf den Brief, den sie selbst an Dich richten wird. Noch schlimmer kann es nicht werden.

Ruth und ich sind in jeder Beziehung am Ende. Wenn nicht Silvia und Sven* lebten, wären wir beide schon zusammen gegangen. Aber die Kinder sind noch nicht alt genug, um selbständig ihren Weg zu finden; besonders Sven braucht Wärme, die ihm Fremde nicht geben könnten. Sie sind aber schon zu groß, um sich bei anderen einzuleben. Das Recht, sie mitzunehmen, haben wir nicht.

Ich bitte Dich und Annelies aufrichtig um Entschuldigung! Danke, daß Du bis zum Schluß gelesen hast.

Wilfried

*

18. 7. 1990

Sehr geehrter Herr Loest,
mit Erschütterung habe ich gestern Ihren Brief vom 3. Juli gelesen. Mit Erschütterung deshalb, weil Wilfried mir sowohl Ihren Brief vorenthalten hatte wie auch jegliches Wissen über die Verstrickungen, in denen er sich noch befand, als für mich schon alles abgeschlossen war.

Daß Sie mich in einem Atemzug mit ihm nennen, ist – aus Ihrer Sicht – völlig gerechtfertigt. Er ist mein Mann, sein Schicksal ist meins; was dazwischen liegt ist unsere Tragik, uninteressant für andere.

Ich habe gestern von allem erfahren.

---

* Name geändert. E. L.

Ich bin 1971 von einem Stasi-Offizier vergewaltigt worden. Wilfried, mit dem ich damals schon befreundet war, reagierte mit einer für mich unerklärlichen Härte. Er erstattete in Berlin Anzeige, ich hätte lieber geschwiegen. Es gab eine für mich sehr peinliche, peinvolle Untersuchung, in deren Verlauf ich einiges zurücknahm, nur damit Schluß sei. Von da an war ich der Stasi suspekt. Ich fühlte mich bedrängt und beobachtet, wurde mitten aus meinem Dienst geholt, was ohne Wissen der Leitung wohl auch nicht möglich war.

Dies Katz-&-Maus-Spiel erschien mir andererseits aber so dilletantisch zu sein, daß ich mir eigentlich sicher war: Nicht meine Meinung über andere ist gefragt, sondern nur meine Meinung als Spiegel meiner selbst. Unsere Heirat änderte nichts an dem Zustand. Ich habe 1973 oder 74 die Bereitschaftserklärung zur Mitarbeit unterschrieben, weil mir versprochen worden war, daß ich dann Ruhe hätte. Es sollte ein äußeres Zeichen dafür sein, daß ich mit dieser Firma nach der schrecklichen Sache meinen Frieden geschlossen hätte. Meine erste Schwangerschaft 1975/76 muß dann so überzeugend auf die Stabilität meiner Familienbeziehungen hingewiesen haben, daß ich tatsächlich nicht mehr behelligt worden bin.

Ich habe nie jemanden ausgeschnüffelt, ich habe keinen Bericht geschrieben, ich habe nie ein Honorar kassiert. Ich war nie von mir aus aktiv. Gesprächen konnte ich mich nicht entziehen, aber ich habe ihnen auszuweichen versucht, bis ich dann ganz offiziell jeglichen weiteren Kontakt verweigerte.

Das alles war lange, bevor ich Sie und Ihre Frau kennenlernte. Wenn auf Ihrer Kopie Nr. 19 mein Name unter dem 6. 9. 76 mit genannt wird, so kann ich nur versichern, daß ich von solchen Plänen mit mir nichts wußte. Ich hatte eine komplizierte Schwangerschaft, nach vier Jahren ungewollter Kinderlosigkeit und ständiger medizinischer Betreuung habe ich 14 Tage vor der Entbindung weiß Gott nicht an sie, sondern nur an mein Kind gedacht.

Ich glaube schon, daß ich Ihnen in die Augen sehen könnte ... Oder wissen Sie mehr über mich, wissen Sie etwas, was ich vielleicht vergessen haben könnte? Meine Gedanken sind so verwirrt, daß ich auch Selbsttäuschungen für möglich halte. Ich schreibe das nicht aus Angst vor Konsequenzen. Ich habe den Direktor

Kaderleiterin heute morgen in Kenntnis von allem gesetzt, habe Ihnen erklärt, daß ich nicht mehr öffentlich arbeiten kann und ihnen die Entscheidung überlassen, für mich nach einem einfachen Arbeitsplatz zu suchen oder mich zu entlassen. Wahrscheinlich werden sie letzteres tun.

Ich bekenne mich zu allen Irrtümern und Verfehlungen meines Lebens, ich will nichts verdrängen, dulde das auch bei anderen nicht. Lassen Sie mir aber auch eine Spur Gerechtigkeit widerfahren, sofern die Tatsachen Ihnen das erlauben.

Dann bleibt wirklich nur noch eine Konsequenz.

Ruth Fahnde*

*

Bonn, 30. 7. 90

Liebe Ruth Fahnde,
gestern, aus Kiew zurück, holte ich Ihren und Wilfrieds Brief von der Post. Zunächst einmal das: Sie scheinen in der Meinung zu leben, alle Welt wüßte nun vielerlei, und das ist nicht der Fall. Im SPIEGEL und im neuen Buch »Der Zorn des Schafes« veröffentlichte ich Akten und gehe gegen Höpcke, Keller, Pfeiffer und M.W. Schulz vor, aber doch nicht gegen Sie und Wilfried. Wirklich, Sie sollten ruhiger schlafen.

Heinig, Wilfrieds Führungsoffizier, war gegen Sie sehr mißtrauisch, erwog sogar, ob nicht Wilfried Verrat übe. Diese Rückseite ist ein Wanzen-Bericht über Ihrer beider Besuch in der Schönbachstraße. Später wurde erwogen, gegen Sie vorzugehen, weil Sie allerlei ausgeplaudert haben. R. heißt »Richard Moritz«, Ihr Deckname als IMS. Das alles werde ich Ihnen mal zeigen. Ich denke, wir sollten uns Mitte Sept. gründlich unterhalten, da bin ich wieder in Leipzig. Haben Sie denn einmal offiziell dieses Verhältnis abgebrochen, ging das überhaupt? Das wüßte ich ganz gerne. Und zwar, weil ich hinter das System kommen will, nicht um Ihnen und Wilfried noch irgendwas am Zeug zu flicken. Das ist vorbei und mir nicht wichtig.

Also, reden wir mal in aller Ruhe?

Grüße

Erich Loest

---

* Name geändert. E. L.

Sehr geehrter Herr Loest,
Danke für Ihren Brief und Danke für die Anrede, ich war auf ande-
res eingestellt. Am meisten bewundere ich die Ruhe und Sachlich-
keit, mit der Sie über die Dinge schreiben. In mir ist alles wirr und
chaotisch.

Ich hatte Ihnen nicht geschrieben, um Ihr Schweigen zu erbit-
ten. Ich bitte Sie, mir bei der Wahrheitssuche zu helfen.

Öffentlichkeit ist längst da. Ich habe die informiert, denen ich
dachte, es sagen zu müssen. Bevor ich Ihren Brief kannte, dachte
ich, schweigen zu können. Ich war mir zu 90 Prozent sicher, daß ich
nichts getan hatte, dessen ich mich schämen müßte. Außer eben
der erpreßten Unterschrift, auf Wilfrieds Rat hin. Aber jetzt denke
ich, ich habe vielleicht unwissentlich jemandem geschadet, durch
dummes Gerede und in Unkenntnis dieses – nach Lektüre der
Kopien – furchteinflößenden totalen Apparates.

Von Wilfrieds Aktivitäten habe ich wirklich nichts gewußt.
Sonst wäre ich nie so vermessen gewesen, Frau Keilitz anzurufen
und zu bitten, einen Kontakt zu Ihnen herzustellen.

Meine Kollegen, die es alle wissen, grüßen mich nicht mehr.
Nicht alle, einige.

Es ist hart. Aber ich will nicht mehr mit Lügen leben. Außerdem
wäre es nicht anständig gewesen. Den anderen gegenüber. Wäre es
tatsächlich zu einer Veröffentlichung gekommen, hätte auch mein
Direktor seinen Hut nehmen müssen. Das wollte ich auf keinen
Fall. Er hat durchaus noch berufliche Aufstiegschancen und war
sehr fair zu mir. 1987 hat er mich eingestellt, eine seit Wochen
arbeitslose Alkoholkranke, die sich aus Scham über ihre Situation
nicht wagte, um Arbeit zu bitten. Und wieder will er fair sein: Wenn
ich wirklich keine Dossieres über Sie angelegt habe, wie ich
behaupte, keine Berichte geschrieben, dann will er mich behalten.
Solange zumindest, wie ihm die Kommune das erlaubt.

Ich danke Ihnen sehr, daß sie mit uns reden wollen.

Ich will bis zu unserem Gespräch meinen ehemaligen Chef um
Auskunft bitten, ob es und welche Pressionen der Firma auf die
Kaderentscheidungen gegeben hat. Nachdem, was Sie da andeute-
ten, ergeben sich für mich auch einige Fragen. Man hat mich bei-
spielsweise 1984, trotz immensen Widerstandes von mir, auf die

Parteischule gezwungen, damit »ich mal in einem richtigen Partei-kollektiv diszipliniert und wieder auf Linie gebracht würde«. Das Erlebnis der Orwellschen Situation da, noch dazu im Jahre 1984, war der Anfang von meinem Ende. Reisen durfte ich auch nicht mehr.

Offiziell ausgestiegen bin ich nicht durch eine schriftliche Erklä-rung. Sondern durch eine mündliche. Mehrere mündliche. Nach-weisbar ist das nicht. Ich weiß aber, daß es auch möglich war, daß man schriftlich entpflichtet wurde. Das weiß ich aber erst seit jetzt, durch den Bericht eines anderen. Aber die Stasi und ich – wir hat-ten doch keine Aufträge vereinbart, ich war doch in ihre Geheim-nisse nicht eingedrungen. Daß ich meine Verpflichtung nicht zurückerhielt, erklärte ich mir damit, daß sie das Pfand war für mein Schweigen über die Vergewaltigung.

Auf jeden Fall werde ich mich bemühen, mein Gedächtnis anzu-strengen, um Ihnen mit Fakten und Details zu helfen. Mit System-strukturen kann ich vielleicht weniger dienen, aber ich habe sehr lebhafte Erinnerungen an die Schauplätze unserer Treffs, an die Art und Weise des Umgangs miteinander. Vielleicht ist das auch nützlich.

Ich werde Ihnen helfen, so gut ich kann.

Bitte helfen Sie mir auch, mich wiederzufinden.

Mit Dank für Ihre Großmut

Ruth Fahnde

Aus der Süddeutschen Zeitung, 3./4. November 1990

Die Puppen vom Runden Eck

Von Peter Sartorius

Leipzig. Ende Oktober – Plötzlich, sagt Erich Loest, hätten sich alte, fast schon ganz vergessene Dinge wieder im Bewußtsein gemeldet, auch diese drei Jahrzehnte zurückliegende Geschichte mit Herrn Kohl. Erich Loest, der Schriftsteller, kommt auf die Geschichte im historischen Leipziger »Kaffeebaum« zu sprechen, einer Lokalität, deren kostbarstes Stück im Inventar lange der Stammtisch der Revolutionäre des Jahres 1848 war. Auch Erich Loest war ja ein Verfemter, Verfolgter, Verurteilter, Verjagter, damals, als es die DDR noch gab. Das Café liegt übrigens nur ein paar Schritte vom Runden Eck entfernt, wo bis zum Zusammenbruch des SED-Regimes die Puppenspieler der Stasi ihre Figuren auf der Bühne hatten hampeln lassen . . .

Ach so, ja, Herr Kohl. Erich Loest ist nach Leipzig zurückgekommen und will, wie er sagt, Fragen stellen: an sich selbst und an andere. Sicher würde er auch an Herrn Kohl Fragen stellen, wenn der irgendwo aufzufinden wäre. »Es gibt zu tun in Leipzig und anderswo«, hat Erich Loest in einem Nachsatz zu seinem Buch »Der Zorn des Schafes« geschrieben, das gerade auf den Markt gekommen ist. Was Herrn Kohl angeht, so hat Erich Loest ihn seinerzeit persönlich überhaupt nicht kennengelernt, konnte ihn ja auch gar nicht kennenlernen. Er, Loest, saß damals, verurteilt wegen Staatsverrats, in Bautzen im Zuchthaus. Seine Frau fand in diesen schweren Jahren Beistand bei Freunden der Familie, einem Journalisten, den Erich Loest seit den gemeinsamen Tagen bei der *Leipziger Volkszeitung* kannte, und dessen Frau. Einmal lud das Ehepaar Frau Loest zum Essen in ein Restaurant ein, und da lernte man, wohl beim Warten an der Garderobe, Herrn Kohl kennen, der dann auch, nachdem man nun schon einmal miteinander ins Gespräch gekommen war, am Tisch des Ehepaares und Frau Loests Platz nahm. Man plauderte und tauschte die Adressen aus. Herr Kohl bot Frau Loest seine Hilfe in Alltagsangelegenheiten an, besuchte Frau Loest hin und wieder und nahm die Kinder zu Spazierfahrten im Auto mit. Na ja, und dann machte Herr Kohl Frau Loest Avancen, die daraufhin energisch geworden sein muß. Jedenfalls verschwand Herr Kohl wieder aus Frau Loests Leben. Und die Geschichte wäre eigentlich ohne Pointe zu Ende.

Doch jetzt geht die Sache Erich Loest wieder und wieder durch den Kopf, nachdem ihm dieses Dossier der Stasi in die Hände gefallen ist, dieses Konvolut von Akten, Hunderte von Schreibmaschinenseiten, auf denen in Form von Operativ-Plänen, Abhörprotokollen und Agentenreports dokumentiert ist, wie er sich jahrelang im Fadenkreuz der Stasi bewegt hat: wie er mittels Wanzen in seiner Wohnung abgehorcht wurde; wie ihn Stasi-Observierer auf Schritt und Tritt verfolgten, bisweilen in grotesker Wichtigtuerei von Straßenbahnhaltestelle zu Straßenbahnhaltestelle; wie man durch die Anzettelung von Intrigen seine schriftstellerische Arbeit kaputtzumachen versuchte; wie ein halbes Dutzend oder mehr Spitzel mobilisiert wurden, um seiner Gedanken habhaft zu werden. Und auch, wie man seine Familie zu »zersetzen« suchte, indem man »über die Kinder Loests... umfassende Aufklärungsmaßnahmen« einleitete, »um in deren Ergebnis weitere Ansatzpunkte zur Herbeiführung von privaten Konfliktsituationen zu erarbeiten«...

Und weil eben auch dieses Ehepaar zu den Stasi-Spitzeln gehörte, läßt Erich Loest jetzt der Gedanke nicht mehr los, daß die Sache mit Herrn Kohl, als dieser aus den Kulissen kurzzeitig ins Leben seiner Frau trat, nichts als ein großes Puppentheater war, bei dem die Freunde als Kuppler auftraten, um seine Frau diesem Herrn Kohl zuzuführen – mit dem hinterhältigen Ziel, Loests Familie zu zersetzen, will sagen: die Ehe kaputtzumachen und dem im Zuchthaus eingesperrten und damit wehrlosen Menschen Erich Loest auf elegante Weise das Genick zu brechen.

Freilich, nachgewiesen ist das nicht, noch nicht. Herr Kohls Auftritt fand im Jahr 1960 statt. Das Dossier der Stasi gegen Loest hingegen belegt die Agententätigkeit der Freunde Loests erst von Mitte der siebziger Jahre an, als der Referatsleiter Tinneberg aus der Hauptabteilung XX der Stasi-Bezirksverwaltung seinen »Operativ-Plan« gegen Loest ausfertigte. Aber große Zweifel an der Richtigkeit seiner Überlegung braucht Erich Loest nicht zu haben. Schließlich war sich das System in seiner 40jährigen Geschichte nie zu schade, auch zum schäbigsten Mittel zu greifen, wenn es darum ging, Menschen so mürbe zu machen, daß sie zu zerbrechen waren.

Erich Loest, der nicht zerbrochen ist, trotz seiner sieben Jahre im Zuchthaus, blättert nun im herbstlich kalten, verrußten Leipzig in seiner eigenen Vergangenheit, soweit sie von der Stasi aufgeschrieben worden ist. Dem Major Tinneberg, sagt er, ja, dem würde er gern begegnen, den würde er gern befragen. Was seine falschen Freunde von früher angeht, den Lehrer und den Journalisten, so ist er noch nicht so weit. Gewiß, er hat die beiden unmittelbar nach der Entlarvung zur Rede gestellt, seine Wut abgelassen. Aber dann hat er die Verbindung gekappt, und noch könnte er sie nicht wieder aufnehmen...

Im »Kaffebaum« sagt Erich Loest beinah entschuldigend und mit einer leichten Kopfbewegung in Richtung Rundes Eck, wo 2 400 offizielle Stasi-Mitarbeiter, versehen mit Dienstrang, Uniform und Pistole, den Bezirk Leipzig unter Kontrolle zu halten versuchten: »Man kann doch nicht in diesen riesigen Häusern sitzen, mit all diesen Apparaten und nichts tun.« Also tüftelte man unentwegt Strategien gegen den Feind, das Volk, aus...

Aber das ist nur die eine Seite der Wahrheit. Die andere, düstere Seite ist, daß zum Beispiel jemand – der Lehrerfreund, der Journalistenfreund? – Loests Sohn Thomas verpfiffen haben muß, als der sich im Urlaub in Ungarn ein paar Spiegel-Ausgaben beschaffte und sie, versteckt unter verschmutzten Babywindeln, nach Hause schmuggeln wollte. Oder war sogar ein richtiges Komplott geschmiedet worden? Jedenfalls lief Thomas pfeilgerade in eine Falle, als er mit seiner Familie zurückkam vom Plattensee in die DDR. Die *Spiegel*-Exemplare wurden bei der Grenzkontrolle entdeckt. Alleine war das sicher nicht ausschlaggebend dafür, daß das System die bürgerliche Existenz von Thomas Loest planmäßig demontieren konnte. Aber wie oft mögen der Lehrer und der Journalist und andere Verrat geübt, belastende Informationen über Loests Sohn an die Stasi gegeben haben? Jedenfalls: der gelernte Diplomingenieur Thomas Loest fristete am Schluß sein Leben als Hilfsarbeiter, und man kann vermutlich nicht sagen, daß dies für Erich Loest, den Vater, eine besondere Ermutigung gewesen wäre, sich weiterhin gegen das System zu stellen. Die Zersetzer, Horcher und Wisperer hatten ganze Arbeit geleistet . . .

Der Fall Lothar liegt ein bißchen anders. Lothar hat, wie Erich Loest heute weiß, auch bei der Abteilung XV im Runden Eck mitgemacht, und das sei mehr gewesen als Bespitzelung, das sei richtige Spionage gewesen. »Lothar war einer, bei dem der Ehrgeiz immer größer war als die Begabung«, sagt Erich Loest und will damit andeuten, daß der Lehrer Lothar wohl mangelnde berufliche Befähigung dadurch zu kompensieren versucht hat, daß er sich als besonders guter Genosse der Partei gegenüber aufführte. Wenn es so war, dann ist eigentlich alles mit jener Zwangsläufigkeit abgelaufen, die ein Charakteristikum für das Funktionieren totalitärer Staatsapparate ist. Auf der Parteischule für junge, fähige Genossen, kombiniert Erich Loest, müssen sie Lothar in ihre Dienste eingespannt haben. Und vermutlich haben sie Lothar dann eingeredet, daß jemand ein Held ist, der aus dem Dunkeln heraus den Klassenfeind bekämpft. »Es ist ein besonderer Reiz«, sagt Erich Loest, »einem Geheimzirkel anzugehören, der Macht nahe zu sein.« Jedenfalls ist anzunehmen, daß sich Lothar als das scharfe Schwert der Partei begriff, wie das verherrlichend hieß. Vielleicht auch als der Scharfrichtergehilfe der SED? Erich Loest erinnert sich gut daran, wie Lothar hartnäckig immer wieder von ihm, dem Freund Erich, hatte wissen wollen, wo er sich aufhalten werde, wenn im Westen seine autobiographische und mit der SED abrechnende Erzählung »Durch die Erde ein Riß« erscheint. Man kann förmlich die Schlinge spüren, die Erich Loest um den Hals gelegt worden ist. Der hat den Freund dann nach dessen Enttarnung zur Rede gestellt: »Lothar, denk mal drüber nach, was du mir darüber zu sagen hast.« Lothar habe, sagt Erich Loest, dann nachgedacht und nachgedacht... und sei dann, na ja, Schritt für Schritt kleiner geworden. Aber bis zuletzt habe er gelogen und gelogen, Stück für Stück weggelogen, was nicht nachweisbar war... Wenn Lothar jetzt ins Lokal käme, sagt Erich Loest, dann würde er ihm zurufen: »Du mach dich raus hier, gerade ist die Luft so gut.«

Wir haben nicht nur im »Kaffeebaum« zusammengesessen, Peter Sartorius und ich, er hat mich in Bonn besucht. Einmal sind wir durch Leipzigs Innenstadt gegangen, und ich hab' ihm gezeigt: Da, bei der »Leipziger Volkszeitung«, hab' ich um 1950 als Journalist gearbeitet, da, kaum 150 Meter entfernt, saßen meine Frau und ich bei der Stasi im Knast, und dort, im Literateninstitut, flog ich aus der SED. Eines hab' ich Sartorius nicht erzählt, das mußte ich erst noch erhärten. Dieser Kohl nämlich, Michael Kohl, hat es später noch weit gebracht, er war Unterhändler beim deutsch-deutschen Vertrag und konferierte ungezählte Male mit Egon Bahr; aus dem Fernsehen kannte ihn damals jeder. Keiner kann ihn mehr befragen, denn er ist tot. Der »Fall Annelies Loest« war wohl sein Gesellenstück. Wie gut, daß es Stasi-Akten gibt.

Lieber Erich,

ich danke Dir für Deinen Brief vom 4. 7., den ich gestern abend nach meiner Rückkehr vorfand. Die Post scheint noch nach alter Manier zu arbeiten, hat mir nichts nachgeschickt, auch die Zeitungen nicht.

Erst ein Rechtsanwalt, nun ein Arzt, Berufe, die Vertrauen verlangen, Menschen, die uns persönlich gut kannten. Ich hatte den Arzt Munkwitz gefragt, ob er nach seiner Inhaftierung durch die Stasi nicht gefragt worden wäre, ob er für den Verein arbeiten wolle. Überhaupt nicht!

Lieber Erich, ich habe viele Deiner Arbeiten den Freunden zum Lesen gegeben, darunter auch dem Munkwitz. Im einzelnen, bitte entschuldige das, weiß ich das nicht zu belegen. Auf keinen Fall habe ich mit Billmann oder Wick Kontakt gehabt, sie nur bei Dir gesehen.

Die Sache mit Munkwitz muß ich erst verdauen. Ich habe mich mit ihm ja fast jede Woche unterhalten. Seine Frau war fast immer dabei. Beide haben in den vierziger Jahren für den RIAS spioniert. Das kam nach 20 Jahren raus durch einen Mitarbeiter, der im Suff damit angab. Nach $1^3/_4$ Jahren kam Munkwitz frei, übernahm seine Praxis und spielte den Biedermann. Jetzt wird mir klar, warum er sich nach der Übersiedlung des Arztes S., mit dem wir Kontakt gehabt hatten, für uns interessierte. Da wir sonst keinen Partner hier hatten, er einen vertrauenserweckenden Eindruck machte und hilfsbereit war, fanden wir ihn in Ordnung. Ich habe mich gern mit ihm unterhalten, was seiner Spitzelei sicher zugute kam. Was dieses infame System aus den Menschen hat machen können, ist unglaublich.

Er war Offizier, drei Jahre russische Gefangenschaft, dann Studium in Westberlin, Spitzelei für Margarine usw., schickt seinen Sohn in den Westen (kurz vor der Mauer), nassauert bei Verwandten und Bekannten in der Bundesrepublik und in Westberlin. Kann den Hals wohl nicht vollkriegen. Vor der Revolution erhielt man bei ihm hin und wieder einen »Spiegel« oder »Stern«. Den alten Leuten, seinen Patienten, schwatzt er Antiquitäten ab für ein kleines Entgelt. Sanitätsrat. Seinen Mercedes erhielt er vor der Revolution, wahrscheinlich über die Kreisverwaltung die Genehmigung. *Er hatte gute Beziehungen, wir dachten, infolge seines Berufes. Ein fleißiger Mann, steht um 5 Uhr auf, beginnt um 7 seine Sprechstunde, macht Krankenbesuche.*

Wir werden hier noch lange mit dem Schmutz zu tun haben. Der ist vielleicht sogar der Bremser, Störer, »Protestant«, der noch zu retten oder gar zu kippen versucht. Wenn man so manche Leute reden hört, die sonst immer ganz brav waren. Das Gift steckt noch in den Köpfen. Dummheit und Trägheit verhindern die Ausscheidung. Ohne Schuldbekenntnis keine Reinigung. Und das ist schlimm.

Dir und Deinen Lieben allen herzliche Grüße

*Dein Sepp**

*

Gustav Just   Prenden, 9. 10. 90

Lieber Erich,
sei bedankt für Dein neues Buch, das ich in einem Ritt ausgelesen habe. Ein großartiges Zeitdokument und ein Stück Autobiographie, die dem Leser viel Neues erschließt. Gut die Montage von Stasidokumenten. Es war ja klar, daß Leute wie Keller und Höpcke der Stasi zuarbeiteten, obwohl sie dafür kein Geld bekommen haben, das brauchten sie ja auch nicht, hatten selber genug. Und dieser Keller sitzt jetzt im Bundestag, man stelle sich das vor! Kann man da nichts gegen tun? Und Höpcke kandidiert als Spitzenmann der PDS für Thüringen! Diese Burschen haben keine Scham, und die ganze PDS ist eine Partei der heiteren Unschuld und behenden Gedächtnislosigkeit. Jetzt machen sie sich zum Fürsprecher der Ängste, die als Spätfolge der Mißwirtschaft auftreten, die sie selber mit befördert haben. Ist schon mies, diese Heuchelei, angeführt von dem wendigen und überaus raffinierten Gysi.

Ist Dein Buch drüben auch gut angekommen? Heide hat einen Bericht von der Buchmesse gesehen, da warst Du drin. Ich habe Dich nur in der Sendung gesehen, wo Du in Leipzig Deine Akte ein-

---

* Name geändert. E. L.

siehst. Möchte ich auch gern mal tun. Möchte schon wissen, wer uns bereits im SONNTAG bespitzelt hat und wer nachher. Konntest Du die Decknamen identifizieren?

Mach's gut, mein Lieber   *Dein Gustl*

Am Tag nach der Enttarnung des IM »Dr. Munkwitz« fuhren wir aus Leipzig hinaus den geliebten Steinbrüchen von Ammelshain zu. Dieser Fall war sonnenklar: Nur einmal war ich bei einem Arzt in N. zu Besuch gewesen, Freund Sepp hatte mich eingeführt – dieser Arzt, ein freundlicher Mensch und Kunstkenner, möchte mich kennenlernen. Heinrich Mohr, Professor aus Osnabrück, gerade bei mir zu Gast, war mitgekommen. Wir speisten Karpfen und besahen Massen von Meißner Porzellan in allen Vitrinen. Die hätten ihm Patienten geschenkt. Seitenlang berichtete »Dr. Munkwitz« tags darauf seiner Stasi-Dienststelle, den Freund Sepp nicht schonend, mich hieb er in die gewohnte Pfanne, und Mohr war ein gefundenes Fressen. Selten stieß ich auf einen Report von derartiger Geschwätzigkeit.

Unsere Wut war frisch, und wir versuchten sie verdampfen zu lassen, indem wir ausspannten, wie wir bei Munkwitz einbrächen, ihn vors Schienbein träten und lärmten: »Ach, da ist ja die Kändlervase, die Sie mir schon immer mal schenken wollten! Und Sie erinnern sich gewiß, daß meiner Frau das Streublümchen-Kaffeeservice so gut gefiel, Herr Dr. Munkwitz!« Dann begleiteten wir ihn in den Keller, um etwas zu trinken zu holen, schade, daß er sich dabei auf der Treppe mehrfach stieß. Dann betranken wir uns, wobei allerlei zu Bruch ging, und unser schärfster Satz war: »Gut, daß Sie Arzt sind, Herr Doktor Munkwitz, da können Sie sich ja, wenn wir dann fort sind, selber verbinden.«

Ein Vierteljahr später besuchte ich Sepp an seinem Geburtstag. Natürlich fragte ich, wie er denn mit diesem Spitzel verfahren wäre, da hörte ich zu meiner grenzenlosen Verblüffung, der habe ihm am Morgen gratuliert und mit einer Orchidee beschenkt. Wie, fragte ich aufgebracht, den läßt du ins Haus, dem gibst du wohl sogar die Hand, der darf... Da erwiderte Sepp, »Dr. Munkwitz« wäre doch zu ihm immer so freundlich gewesen, auch hätte er, Sepp, seine eigene Akte noch nicht gesehen und wäre über den Umfang der Spitzelei nicht informiert. Schließlich fiel dieser Satz: »Erich, du mußt doch zugeben, daß ich in einer sehr schwierigen Lage bin.«

Da polterte ich, nicht Sepp sei in einer schwierigen Lage, sondern dieser widerwärtige Arzt, was müsse denn noch passieren, damit man so einem Kerl die Meinung sagte und ihn aus dem Hause schmisse, da könnte »Munkwitz« ja von Glück reden, nicht gerade jetzt hier herumzusitzen, da wäre...

In diesem Stil schimpfte ich, bis mich ein anderer Gast zu bremsen suchte: Ich sollte Sepp doch mal in Ruhe lassen, schließlich habe er Geburtstag. Das Gespräch glitt in die in diesem Herbst 1990 unter Schriftstellern der Noch-DDR üblichen Bahnen: Das Zusammenbrechen der Verlage, der Skandal, daß einer wie Dr. Günther noch immer Direktor des Mitteldeutschen Verlags sei, daß eine SED-Seilschaft, von PDS-Kulturminister Dr. Keller eingesetzt, das Leipziger Literaturinstitut leite, die barsche Kritik an Christa Wolfs Erzählung »Was bleibt?«... Es gelang mir nicht, mich in gebührender Weise zu beteiligen, ich kam immer wieder auf diesen Strolch zurück, der es gewagt hatte, in diesem Haus eine Orchidee zu überreichen, und der nicht im hohen Bogen hinausgepfeffert worden war. Schließlich verlangte ich die Telefonnummer von dem Kerl und rief ihn an. Er nannte seinen Namen und ich den meinen, dann sagte er: »Das ist aber nett!« Sofort brüllte ich: »Das ist überhaupt nicht nett, Herr Doktor Munkwitz! Wie konnten Sie es wagen...« und dann donnerte ich, er sei als Spitzel enttarnt, ich besäße Kopien seiner verdammten Berichte, es sei eine Frechheit, jemandem zu gratulieren, den man über Jahre hinweg verraten hätte – und immer wieder: »Herr Doktor Munkwitz! Herr Doktor Munkwitz!« Dann schwieg ich, wartete, eine Pause dehnte ich, ich hörte ein leises: »Auf Wiederhören«, und der Mann legte auf.

Starr saßen der Gastgeber, seine Frau, seine Tochter und die übrigen Gäste. Dann betrank ich mich und machte mich davon.

Wochen sind seitdem vergangen. Ich wartete auf einen erklärenden Brief, er kam bis heute nicht. Es wird wohl so sein, daß ich noch einen Freund verloren habe.

Recht statt Rache

»Die Zeit heilt gar nichts«, überschrieb Lutz Rathenow vor wenigen Wochen einen Aufsatz, in dem er ohne Einschränkungen für den Erhalt und die allmähliche Aufarbeitung der Akten des alten SED-Staates plädierte. Der Ostberliner Schriftsteller verlangt die öffentliche Auseinandersetzung und will nicht hinnehmen, daß einstige Stützen des kulturpolitischen Apparats einseitige Legenden über ihre Verdienste zusammenbasteln. So hat Rathenow beim Landgericht Berlin Anzeige gegen Klaus Höpcke erstattet, der als stellvertretender Kulturminister mehr als anderthalb Jahrzehnte der für die Literatur zuständigen Hauptverwaltung vorstand. Als mögliche Straftatbestände kommen unter anderem Verleumdung und versuchte Nötigung in Frage. Im Zusammenhang mit seiner Verhaftung im Jahre 1980 erhebt Rathenow den Vorwurf, Höpcke habe mit der Generalstaatsanwaltschaft der DDR und dem Ministerium für Staatssicherheit zusammengearbeitet.

Den Nachweis der engen Kooperation Höpckes mit der Stasi-Behörde hat Erich Loest aufgrund der ihm zugänglichen Leipziger Akten bereits erbracht. Das Faktum sollte niemanden überraschen. Die SED hatte sich den Überwachungsapparat zur eigenen Machtsicherung und »zur allseitigen Stärkung der DDR« geschaffen, und diesen Zielen waren alle staatlichen Behörden ebenfalls verpflichtet. Von Anfang an muß davor gewarnt werden, die »Staatssicherheit« als einen »Staat im Staate«, der sich angeblich verselbständigt habe, isoliert in den Blick zu nehmen. Für die Repression waren unterschiedliche Instanzen arbeitsteilig zuständig.

Dabei hat es naturgemäß oft geknirscht. Höpcke zum Beispiel war intelligenter und versierter als viele Funktionäre, die mehr Einfluß hatten als er. In liberalen Phasen betrieb er auch eine liberale Literaturpolitik, und es ist wahrscheinlich, daß er die Rolle eines Schirmherrn im Buchwesen am liebsten spielte. Standen die Zeichen aber auf Sturm, exekutierte er ebenso einfallsreich und dynamisch die Einschränkungen und Verbote.

Als einen bloßen Befehlsempfänger sieht Höpcke sich bestimmt nicht, aber er hat von sich aus bisher nichts getan, seine Verstrickungen bloßzulegen. Die Selbstverständlichkeit, mit der er politisch für die PDS tätig ist, auch als Abgeordneter im Thüringer Landtag, muß alle reizen, die sich mit Recht als Opfer seiner Behörde fühlen. Das Kokettieren mit den Parteirügen und die Erinnerung an Situationen, in denen sein Ministerstuhl wackelte, kann ihm aber keine weiße Weste verschaffen. Daß er während der Agonie des SED-Regimes einer PEN-Erklärung zugunsten des verhafteten Václav Havel nicht widersprach, reicht nicht aus, Höpckes Vergangenheit zu retuschieren.

Kürzlich sind Tagebuchaufzeichnungen Erwin Strittmatters, eines Altmeisters der DDR-Literatur, erschienen, in denen Höpcke eine überaus negative Rolle spielt. Der Autor, der 1979 einen enervierenden Kampf um die Publikation des dritten Bands seiner »Wundertäter«-Trilogie führte, bezeichnet Höpcke als »devil«, als »Teufel«, der ihn stundenlang zu Hause belagerte und zu Äußerungen provozieren wollte, die geeignet waren, ihn »oben« anzuschwärzen. Er nennt ihn einen Mann »mit dem Naturell, wie es den Zuarbeitern der Stalinschen Inquisitoren eigen war«. Lutz Rathenow steht also mit seinen Vorwürfen nicht allein, auch wenn die Chancen für eine strafrechtliche Klärung gering sind. Aber ein Gerichtssaal schafft immerhin eine Öffentlichkeit, die übers Räsonieren hinausgeht.

Manfred Jäger

Steile SED-Karriere verschwiegen

Schriftsteller Loest beschuldigt den früheren
DDR-Kulturminister Keller

Bonn (Eig. Ber.). In der bunten Hochglanzbroschüre der PDS stehen neben seinem Foto nur magere Angaben zur Person: »Dr. Dietmar Keller – geb. 1942 in Chemnitz, Kulturwissenschaftler, Mitglied des Parteivorstandes der PDS, verheiratet.« Geflissentlich vermeidet Keller, einer der 17 Abgeordneten aus der SED-Nachfolgepartei im neuen Bundestag, tiefere Einblicke in seine Vergangenheit. Mit keinem Wort erwähnt er seine steile SED-Karriere vom Diplomlehrer für Marxismus-Leninismus zum stellvertretenden DDR-Kulturminister unter Honecker und Kulturminister in der Übergangsregierung Modrow. Statt dessen beginnt er seine Selbstdarstellung mit dem Bekenntnis: »Als Kind wollte ich Tierarzt werden.«

Der sieben Jahre lang wegen »Konterrevolution« inhaftierte und 1981 aus der DDR vertriebene Schriftsteller Erich Loest erinnert sich noch genau an Kellers düstere Vergangenheit. »Keller hat es maßgeblich betrieben, daß ich aus dem Schriftstellerverband der DDR und schließlich aus dem Land getrieben wurde«, erklärte Loest in einem Gespräch mit unserer Zeitung. Keller habe vor zehn Jahren als Sekretär der SED-Bezirksleitung in Leipzig den gesamten regionalen Kulturbetrieb bis hin zu den Buchverlagen kommandiert. Diese Machtposition habe er benutzt, um »jahrelang die Politik der Partei durchzusetzen und mißliebige Leute auszugrenzen. Dabei hat Keller Hand in Hand mit der Stasi gearbeitet«, so Loest.

Der Schriftsteller ist mittlerweile im Besitz von Stasi-Akten zur Person Kellers. Sie wurden ihm in Leipzig zum Kauf angeboten und vom örtlichen Bürgerkomitee zur Stasi-Auflösung als echt erkannt. In diesen Stasi-Akten taucht mehrmals Kellers Name auf. So schickte die Leipziger Stasi am 17. 10. 1980 ein Schreiben an das Ministerium für Staatssicherheit: »Als Anlage erhalten Sie zwei Informationen über Hinweise des Sekretärs der Bezirksleitung der SED Leipzig, Genosse Dietmar Keller, an den Leiter unserer Bezirksverwaltung, Genosse Generalmajor Hummitzsch, zu vorgesehenen Maßnahmen gegen die Verdächtigen.«

In den Aktennotizen fand Loest Beweise genug, um Keller der »Komplizenschaft« mit der Stasi zu beschuldigen. Damit ist ein Gespräch Kellers mit dem Stasi-General vom 13. 10. 1980 festgehalten, bei dem Keller Informationen über das Privatleben des Schriftstellers Werner Heiduczek lieferte, der wegen einer geplanten Buchveröffentlichung bei einem westdeutschen Verlag ins Visier der Stasi geraten war. Heiduczek und dessen Frau hielten Keller für einen Freund und ahnten nichts von dessen Zuträgerdiensten für den Leipziger Stasi-Chef.

Die Akten sprechen Bände über das Vorgehen der Stasi gegen Loest, der angeblich »im Zusammenwirken mit äußeren gegnerischen Kräften neue feindliche Vorhaben« plante, unter anderem einen »Hetzroman«. Zeitweise wurde erwogen, Loests vergeblichen Antrag auf eine Studienreise in den Westen nun doch zu genehmigen, um ihn dann wie einst Wolf Biermann zwangsweise auszubürgern. Den Akten zufolge hat Keller gegenüber Stasi-General Hummitzsch den Vorschlag dargelegt, daß Loest nach dem Erscheinen seines »Hetzromanes« im Westen »die Wiedereinreise in die DDR nicht gestattet werden soll«.

Ob der heutige PDS-Abgeordnete Keller sich daran noch erinnert? Infolge der Weihnachtspause des Bundestages war er zunächst für eine Stellungnahme nicht zu erreichen. In der PDS-Broschüre behauptet Keller, daß »weder vor dem November 1989 noch danach Wissenschaftler und Künstler erklärten, ich habe sie behindert, ausgegrenzt oder gar verboten. Das war nicht mein Stil.« Diese versuchte Selbstreinigung Kellers stieß bei Loest auf Kopfschütteln: »Na klar behaupte ich, daß er mich behindert und ausgegrenzt hat.« Keller habe seinen Dienst an der DDR-Diktatur »geschmeidiger und unauffälliger erledigt als mancher Tolpatsch, aber deshalb nicht weniger wirkungsvoll«, berichtete Loest aus leidvoller Erfahrung. Mit wohlgesetzten Worten hat sich der Betreffende in der PDS-Hochglanzbroschüre zur Frage der Schuld geäußert: »Schuld geht nicht in Masse auf, sie ist individuell und konkret.« So ist es.

Verfahren gegen Keller eingeleitet

- rek - **Bonn** (Eig. Ber.). Als Reaktion auf Stasi-Vorwürfe gegen den PDS-Bundestagsabgeordneten und ehemaligen DDR-Kulturminister Keller hat Bundestagspräsidentin Rita Süssmuth gestern ein Ermittlungsverfahren eingeleitet. Nach Informationen unserer Zeitung wurde Keller zunächst schriftlich um eine Erlaubnis zu Ermittlungen des Parlamentspräsidiums gebeten.

Die Bundestagspräsidentin reagierte auf den in einem Bericht unserer Zeitung erhobenen Verdacht, Keller sei als früherer Sekretär der SED-Bezirksleitung Leipzig verantwortlich für die Unterdrückung mißliebiger Schriftsteller gewesen und habe dabei mit dem Stasi Hand in Hand gearbeitet.

Keller soll sein Bundestags-
mandat zurückgeben

- rek - **Bonn** (Eig. Ber.). Die Stasi-Vorwürfe gegen den PDS-
Bundestagsabgeordneten und ehemaligen DDR-Kulturminister Keller haben in Bonn heftige Reaktionen ausgelöst. Auch Forderungen nach Rücktritt wurden laut. Der
Parlamentarische Geschäftsführer der CDU/CSU-Frak-
tion, Bohl, erklärte gegenüber unserer Zeitung:»Sollten
die Vorwürfe zutreffen, daß Herr Keller sich persönlich
schuldig gemacht hat, dann stellt sich natürlich die Frage
nach seinem Bundestagsmandat.« Bohl äußerte sich »tief
erschrocken« über den Verdacht. Es gehe nicht an, daß »die
eigentlichen Befehlshaber und wahren Verantwortungsträ-
ger der Stasi als vermeintliche Saubermänner auf der Bon-
ner Bühne auftreten«, während informelle Mitarbeiter der
Stasi stigmatisiert würden. PDS-Chef Gysi sei zu fragen,
wie er die angebliche Läuterung der PDS damit vereinbare,
hochbelastete SED-Funktionäre mit der Immunität eines
Bundestagsabgeordneten auszustatten. Der CDU-Politi-
ker kritisierte, wie selbstverständlich Keller seine Arbeit in
Bonn mit seiner früheren Tätigkeit als Sekretär der Leipziger SED-Bezirksleitung in Einklang bringe. »Auch der ehe-
malige SED-Bezirkschef von Dresden, Herr Modrow, muß
von der Öffentlichkeit genauso wie Keller unter die Lupe
genommen werden.«

Ähnlich äußerte sich der SPD-Abgeordnete Niggemeier
(Datteln) gegenüber unserer Zeitung: »Keller sollte sein
Mandat sofort niederlegen, und es wäre an PDS-Chef
Gysi, ihn unverzüglich dazu aufzufordern, wenn die ständigen Beteuerungen von der angeblichen Erneuerung
einer schuldbeladenen Partei glaubwürdig sein sollen. Mit
alten Stasi-Informanten in den Reihen der PDS-Fraktion
ist eine ›Erneuerung‹ wohl kaum möglich.« Niggemeier

nannte den PDS-Abgeordneten eine »unerträgliche Bela-
stung für unser demokratisches Parlament« und betonte:
»Alt-Kommunist Keller gehört genauso wenig in den Bundestag wie sein SED-Genosse Modrow.«

Erich Loest:
Der Zorn des Schafes

Ein Schriftsteller muß seine Heimat verlassen, neun Jahre später kehrt er heim. Seine Bücher werden aus den Bibliotheken entfernt oder von der Zensur gestoppt, doch sie finden im Triumph zurück.

Erich Loest hat in »Durch die Erde ein Riß« schon einmal über sein Leben berichtet. Jetzt beschreibt er sein Tagewerk, zum Thema werden das Ertrotzen von Wörtern, das Erdulden von Demütigungen, das Erlisten von Freiräumen. Bald nach dem Krieg, er ist dreiundzwanzig, erscheint sein erster Roman; nun zieht er Bilanz über vierzig Jahre Schriftstellerei und nahezu vierzig Bücher.

Immer wieder bilden Leipzig, sächsische Geschichte und DDR-Alltag das Fundament seiner Fabeln, nie schrieb er ohne Engagement. Die Stasi erkor ihn zum Feind und verwanzte seine Wohnung, Geheimdienstdossiers bieten ein schrilles Echo und lehren das Gruseln. Er mußte nach Niedersachsen und an den Rhein ausweichen und schickte Reiseberichte aus vielen Ländern. Wie schon »Durch die Erde ein Riß« ist »Der Zorn des Schafes« faktenreich, genau und ohne Larmoyanz. Das Buch schließt mit der Rückkehr nach Leipzig und dem Freispruch von lange zurückliegender Justizwillkür.

Schafe warten geduldig, ehe sie den Kopf senken und zustoßen. Ihre Stirn ist geschützt durch Knochenwülste über den Brauen. Sie ist eine stumpfe Waffe, doch man sollte sie nicht unterschätzen.

400 Seiten · Leinen · Fadenheftung · DM 36,00

Linden-Verlag
Baaderstr. 17 · O-7022 Leipzig
Seestr. 44/2 · W-7118 Künzelsau

ROLF SCHNEIDER

Frühling im Herbst

Notizen vom Untergang der DDR
184 Seiten, Broschur, 18,– DM

*

Rolf Schneiders Tagebuch zum letzten
Jahr der DDR beginnt mit einer makabe-
ren Geschichte aus dem Sommer 1989:
Kinder finden an einer Ost-Berliner
U-Bahn-Baustelle beim Spielen Toten-
schädel. Von Zigeunern, wie sich herausstellt; die Nazis haben sie ermordet und
hier verscharrt. Doch Zigeuner gehören
nach offizieller Lehre nicht zur anti-
faschistischen Einheitsfront. Also schau-
felt man das Massengrab wieder zu und
baut weiter U-Bahn. Schneiders Aufzeichnungen führen in alle Bereiche der
DDR-Gesellschaft. Man liest von großen
und kleinen Politikern, von gewendeten
und ungewendeten, von Stasi, Polizei
und Justiz, von Wirtschaftsleuten, von
Schriftstellern, Wissenschaftlern und
Lehrern. Natürlich auch von der Opposi-
tion – die eine Revolution in Gang
brachte und dann den Sieg nicht nutzte.

Kostenloses Gesamtverzeichnis
anfordern bei:

Steidl

Düstere Str. 4 · D-3400 Göttingen

CLAUS LEGGEWIE

Nachgetragenes Mitleid

Essays
80 Seiten, Taschenbuch, 9,80 DM

*

In drei historisch-aktuellen Essays löst sich Leggewie aus der Verkrampfung deutscher Vergangenheitsbewältigung. Er untersucht die verhängnisvolle Rolle der Judenräte, die den Nazis die Opfer vorsortierten und in die Hände spielten. Er erinnert an die gläubigen deutschen Sozialisten, an die Intellektuellen und Künstler, die vor Hitlers Terror in die Sowjetunion flüchteten – und dort in den Lagern des NKWD verschwanden. Und er greift eine Entwicklung in der heutigen UdSSR auf: »Die Russen bereuen«, war jüngst eine Kolumne in einer großen Tageszeitung überschrieben. Die Reue der Sieger gilt den russischen Kriegsverbrechen, begangen an Soldaten, an Flüchtlingen, an Frauen. Jetzt, da die Schlachtordnung des Kalten Krieges zerfällt, werden Annäherungen an die Menschlichkeit möglich.

Kostenloses Gesamtverzeichnis
anfordern bei:

Steidl

Düstere Str. 4 · D-3400 Göttingen